U0745157

实用中西医结合防治新冠肺炎 200问

实用 中西医结合
防治 新冠肺炎
200问

主编\张伟 何荣

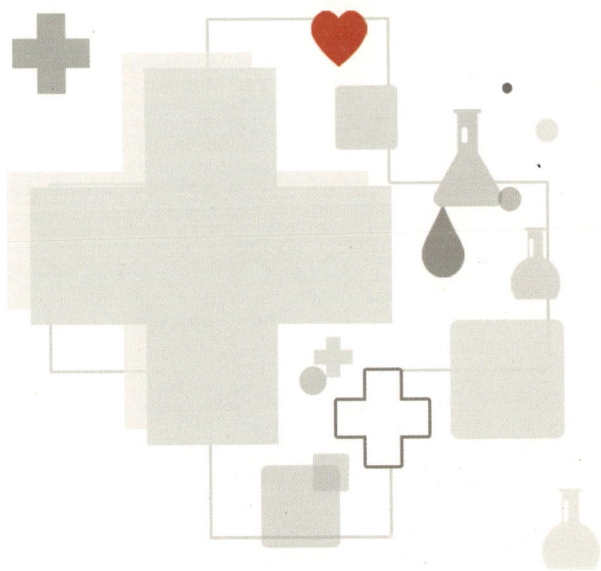

山东教育出版社

图书在版编目（CIP）数据

实用中西医结合防治新冠肺炎200问 / 张伟，何荣主编 . — 济南：山东教育出版社，2020. 2
ISBN 978-7-5701-0987-6

Ⅰ. ①实… Ⅱ. ①张… ②何… Ⅲ. ①日冕形病毒－病毒病－肺炎－预防（卫生）－问题解答 Ⅳ. ①R563.101－44

中国版本图书馆CIP数据核字（2020）第027064号

SHIYONG ZHONGXIYI JIEHE FANGZHI XINGUANFEIYAN 200 WEN

实用中西医结合防治新冠肺炎200问

张 伟 何 荣 主编

主管单位：山东出版传媒股份有限公司
出版发行：山东教育出版社
　　　　　地址：济南市纬一路321号　邮编：250001
　　　　　电话：（0531）82092660　网址：www.sjs.com.cn
印　　刷：山东临沂新华印刷物流集团有限责任公司
版　　次：2020年2月第1版
印　　次：2020年2月第1次印刷
开　　本：880毫米×1230毫米　1/32
印　　张：4.5
印　　数：1–2000
字　　数：72千
定　　价：9.80元

（如印装质量有问题，请与印刷厂联系调换）印厂电话：0539–2925659

编委会

主　编：张　伟　何　荣

副主编：沈　宁　刘　学　臧国栋　郑　建　王业震
　　　　朱　雪　王立娟

编　委：景传庆　杨　帆　宋　丽　陈　凤　张　倩
　　　　林琪明　王　娜　范　锐　蒋於琨

　　张伟，山东省流行病传染病防控和应急处置中医药专家委员会副组长，山东省新型冠状病毒感染的肺炎医疗救治专家组副组长，山东中医药大学附属医院肺病科主任，二级教授，知名专家，医学博士，博士生导师。中医肺病学泰山学者岗位特聘专家，享受国务院政府特殊津贴，国家中医药管理局中医药重点学科（中西医结合临床学科）学科带头人。先后主持国家级、省级课题20项，荣获国家科技进步奖二等奖1项、山东省科技进步奖8项，出版著作10余部，拥有个人专利5项，发表学术论文200余篇。

　　何荣，山东中医药大学附属医院肺病科副主任医师，副教授。第六批全国老中医药专家学术经验继承人，山东省中医肺病质控中心副主任兼秘书，山东省医师协会中医医师分会秘书，山东省医师协会中医肺系病医师分会副主任委员兼秘书，山东中医药学会肺系病专业委员会委员。参与国家自然科学基金等课题 10 余项，出版著作 4 部，发表学术论文 20 余篇。

前言

　　新型冠状病毒感染的肺炎疫情发生以来，习近平总书记强调，"把人民群众生命安全和身体健康放在第一位，把疫情防控工作作为当前最重要的工作来抓"，并指出要"紧紧依靠人民群众坚决打赢疫情防控阻击战"，为当前疫情防控工作指明了方向。

　　新型冠状病毒潜伏期长，发病易和普通感冒、流感混淆，且潜伏期具有传染性，存在人传人传播情况，严重威胁着广大人民群众的生命安全。为贯彻落实国家关于新型冠状病毒感染的肺炎疫情防控工作的有关要求，做好中西医结合联控、联治工作，增进大众及有关专业人士对新型冠状病毒感染的肺炎这一疾病的认识，更好地指导个人预防，降低传播风险，本书编写委员会在山东省流行病传染病防控和应急处置中医药专家委员会及山东中医药大学附属医院工作基础上，收集相关专业知识及疫情防控信息，紧急编撰此书。

中医药治疗疫病有着悠久的历史，在应对流行性乙型脑炎、"非典"等重大疫情中，积累了以"白虎汤"加减的"石家庄经验"和"小汤山中药方"等著名宝贵方剂。中西医结合防治重大疫病确有疗效。本书从揭开冠状病毒之面纱、探寻冠状病毒致病原因、新冠肺炎的临床诊断、新冠肺炎的中西医临床治疗、新冠肺炎的预防和调护、传染病相关知识、其他几种主要传染病的治疗和防控等七个方面介绍了新型冠状病毒及防控相关内容，旨在为大众传播专业、权威的信息，避免造成恐慌心理。相信广大人民群众万众一心、众志成城，我们一定能打赢疫情防控阻击战。

本书编写委员会

2020 年 2 月 1 日

目录

contents

贰

探寻冠状病毒致病原因

叁

新冠肺炎的临床诊断

肆

新冠肺炎的中西医临床治疗

4

陆

传染病相关知识

其他几种主要传染病的治疗和防控 柒

揭开冠状病毒之面纱

1. 什么是呼吸道病毒?

呼吸道病毒是指能侵入呼吸道黏膜上皮细胞并在上皮细胞中增殖的病毒,能引起局部呼吸道感染或呼吸道以外组织器官病变。

2. 常见的呼吸道病毒有哪些?

主要有正黏病毒科的流感病毒,副黏病毒科的副流感病毒、呼吸道合胞病毒、麻疹病毒、腮腺炎病毒、亨德拉病毒、尼帕病毒和人偏肺病毒,披膜病毒科的风疹病毒,小 RNA 病毒科的鼻病毒,冠状病毒科的 OC43 冠状病毒、HKU1 冠状病毒等。此外,腺病毒、呼肠病毒、柯萨奇病毒、ECHO 病毒及疱疹病毒等也可引起呼吸道感染性疾病。

3. 什么是冠状病毒?

冠状病毒属于套式病毒目、冠状病毒科、冠状病毒属,是一类具有囊膜、基因组为线性单股正链的 RNA 病毒,是自然界广泛存在的一大类病毒,是目前已知 RNA 病毒中基因组最大的病毒。

冠状病毒仅感染脊椎动物,与人和动物的多种疾病有关,可引起人和动物呼吸系统、消化系统和神经系统疾病。

冠状病毒因形态学特征上病毒包膜表面有多个稀疏的棒针突起,长约 20 nm,电镜负染照片显示病毒颗粒似王冠而得名。

4. 冠状病毒有哪些分型?

动物冠状病毒包括哺乳动物冠状病毒和禽冠状病毒。哺乳动物冠状病毒主要为 α、β 属冠状病毒,可感染蝙蝠、猪、犬、猫、鼠、牛、马等多种动物。禽冠状病毒主要来源于 γ、δ 属冠状病毒,可感染鸡、麻雀、鸭、鹅、鸽子等多种禽鸟类。

迄今为止,除本次在武汉引起病毒性肺炎暴发疫情的新型冠状病毒外,共发现 6 种可感染人类的冠状病毒:HCoV-229E、HCoV-OC43、SARS-CoV、HCoV-NL63、HCoV-HKU1 和 MERS-CoV。其中 HCoV-229E 和 HCoV-NL63 属于 α 属冠状病毒,HCoV-OC43、SARS-CoV、HCoV-HKU1 和 MERS-CoV 均为 β 属冠状病毒,HCoV-OC43 和 HCoV-HKU1 属于 A 亚群,SARS-CoV 属于 B 亚群,MERS-CoV 属于 C 亚群。

目前研究显示,此次的新型冠状病毒与蝙蝠 SARS 样冠状病毒同源性达 85% 以上,可以将其归到 β 属冠状病毒中。

5. 冠状病毒的生物学特性是怎样的?

(1)形态上:冠状病毒有包膜,颗粒呈圆形或椭圆形,常为多形性,直径 60~140 nm。

(2)结构上:S 蛋白位于病毒表面,形成棒状结构,作为病毒的主要抗原蛋白之一,是用于分型的主要结构;N 蛋白包裹病毒基因组,可用作诊断抗原。

6. 什么是新型冠状病毒?

新型冠状病毒（2019-nCoV）是以前从未在人体中发现的冠状病毒新毒株，为一种变异的冠状病毒（β属）。2020年1月10日，中国公布了新型冠状病毒的全基因组序列，之后相继有5个样本的病毒基因组序列公布。由于冠状病毒发生抗原性变异产生了新型冠状病毒，人群缺少对变异病毒株的免疫力，所以可引起新型冠状病毒感染的肺炎流行。

7. 新型冠状病毒理化特性是怎样的?

对新型冠状病毒理化特性的认识多来自对 SARS-CoV 和 MERS-CoV 的研究。病毒对紫外线和热敏感，56℃30分钟、乙醚、75% 乙醇、含氯消毒剂、过氧乙酸和氯仿等脂溶剂均可有效灭活病毒，氯己定不能有效灭活病毒。

8. 哪些冠状病毒会导致人类罹患肺炎?

HKU1、SARS-CoV、MERS-CoV、2019-nCoV 等可引起人类罹患肺炎。

9. 感染了新型冠状病毒一定会得肺炎吗?

不一定，也存在无症状感染者、轻症病例。随着对疾病认识的深入，我们目前已发现无肺炎表现的患者。因此，感染了新型冠状病毒不一定会得肺炎。

10. 人体对冠状病毒的免疫性是怎样的?

关于患者治愈后体内产生保护性免疫抗体的水平、抗体持续的时间长度，仍然缺少科学数据。一般认为，患者治愈后免疫力不强，不能防御同型病毒的再次感染。

11. 什么是严重急性呼吸综合征（SARS）?

严重急性呼吸综合征（SARS）是由 SARS 冠状病毒感染引起的一种具有明显传染性、可累及多个脏器系统的特殊肺炎，俗称传染性非典型肺炎，也称非典型肺炎。非典型肺炎的主要症状有发热、咳嗽、头痛、肌肉痛，以及呼吸道感染症状。大多数非典型肺炎患者能够自愈或被治愈，病死率一般低于10%，40 岁以上或有基础疾病（如冠心病、糖尿病、哮喘以及慢性肺病）者病死率高。

12. 什么是中东呼吸综合征（MERS）?

中东呼吸综合征（MERS）是由 MERS 冠状病毒引起的一种呼吸道疾病，以发热伴寒战、咳嗽、气短、咽痛、肌肉酸痛为临床表现。腹泻、恶心呕吐、腹痛等胃肠道表现也较为常见。与非典型肺炎相比，其传染性虽弱，但其病死率高，接近 40%。

13. 新型冠状病毒与SARS病毒、MERS病毒的区别是什么？

新型冠状病毒与 SARS 病毒、MERS 病毒是同属于冠状病毒大家族里的"兄弟姐妹"，基因进化分析显示 2019-nCoV 的基因特征与 SARS-CoV 和 MERS-CoV 有明显区别，目前研究显示其与蝙蝠 SARS 样冠状病毒同源性达 85% 以上。

14. 现在所说的病毒是否等同于中医学所说的"疫毒"？

病毒是一种存在于自然界的微生物，是一种个体微小、结构简单、必须在活细胞内寄生并以复制方式增殖的非细胞型生物，是人体常见的致病微生物之一。如可引起人类感冒的鼻病毒、副流感病毒、呼吸道合胞病毒、腺病毒等，也包括肝炎病毒、艾滋病病毒等其他各种病毒。

病毒通过多种途径侵入机体，并在易感的宿主细胞中增殖，从而导致机体产生轻重不一的损伤或疾病。

疫毒是一个中医学概念，指具有强烈传染性的一类病邪，又称为时气、非时之气、异气、疠气、杂气、毒气等。疫毒所致疾病一般称为"疫病""瘟疫"等，具有强烈传染性，相当于现代的急性传染病，包括以发热为主要症状、由某些细菌或病毒等引起的疾病。

所以，现在所说的病毒并不等同于中医学所说的"疫毒"。

探寻冠状病毒致病原因

1. 什么是社区获得性肺炎?

社区获得性肺炎（CAP）是指在医院外罹患的感染性肺实质（含肺泡壁，即广义上的肺间质）炎症，包括具有明确潜伏期的病原体感染在入院后于潜伏期内发病的肺炎。

研究显示，该病感染率高，是全球第六大死因，且病死率随患者年龄增加而升高，也与患者病情严重程度相关，应当引起社会的重视。

2. 引起社区获得性肺炎的病原体有哪些?

CAP常见病原体包括细菌、病毒、支原体、衣原体等，其发病率和耐药情况在不同国家、地区之间存在明显差异。

在我国，CAP细菌病原体以肺炎链球菌最为常见，其他有流感嗜血杆菌、肺炎克雷伯菌、金黄色葡萄球菌，铜绿假单胞菌和鲍曼不动杆菌少见。

肺炎支原体、衣原体等非典型病原体也是常见致病原。病毒病原体中流感病毒占首位，其他病毒包括副流感病毒、鼻病毒、腺病毒、人偏肺病毒及呼吸道合胞病毒等，而新型冠状病毒是以前从未在人体中发现的冠状病毒新毒株。

3. 如何检测社区获得性肺炎患者致病菌?

可取社区获得性肺炎患者痰液、支气管肺泡灌洗液、血液等做标本，进行病原学检测。常用的检测方法包括以下几种：

（1）对痰液或下呼吸道分泌物进行细菌或病毒的分离培养。对于细菌、真菌等感染较为常用，但阳性率不高，其药敏试验能够指导临床抗生素的选择。对于病毒感染，因为对设备、技术要求较高，较少用于临床。

（2）血清学检测病原微生物的抗体、抗原及其代谢产物，以判断感染病原。

（3）对鼻咽拭子、下呼吸道分泌物、血液等标本进行分子生物学检测病原微生物的特异性核酸，常用于病毒感染，目前新型冠状病毒的检测即属于此列。

4. 社区获得性肺炎的诊断标准是什么？

（1）社区发病。

（2）具有肺炎相关临床表现：① 新出现的咳嗽、咳痰或原有呼吸道疾病症状加重，伴或不伴脓痰、胸痛、呼吸困难及咯血；② 发热；③ 肺实变体征和（或）湿啰音；④ 外周血白细胞计数 $>10 \times 10^9/L$ 或 $<4 \times 10^9/L$，伴或不伴核左移。

（3）胸部影像学检查显示斑片状浸润影、叶或段实变影、磨玻璃影或间质性改变，伴或不伴胸腔积液。

符合第（1）（3）条及第（2）条中任何一项，并除外肺结核、肺部肿瘤、非感染性肺间质性疾病、肺水肿、肺不张、肺栓塞、肺嗜酸性粒细胞浸润症及肺血管炎等疾病，即可诊断。

5. 什么是混合感染？

混合感染是指人体被2种或2种以上的病原体感染。如细菌感染时，同时合并病毒感染；或者病毒感染时，同时合并细菌感染。通常需要联合应用抗菌和抗病毒药物治疗。尤其是病毒感染合并或继发细菌、非典型病原体感染较为常见，据调查显示，我国社区获得性肺炎患者中病毒检测阳性者，5.8%~65.7%为混合感染。

6. 细菌性肺炎与病毒性肺炎有何不同？

细菌性肺炎与病毒性肺炎患者临床表现缺乏特异性，但病毒性肺炎早期多有上呼吸道感染症状。病毒性肺炎多具有传染性，大多发生于冬春季节，可引起暴发流行。细菌性肺炎的病变主要发生于肺实质，CT表现为大叶性肺炎或支气管肺炎，肺泡和细支气管内充满炎性分泌物。病毒性肺炎的病变主要发生于肺间质，CT表现多样，可见呈小叶分布的磨玻璃影、段的实变或弥漫磨玻璃影伴增浓的间质改变。实验室检查细菌性肺炎白细胞计数常升高，且主要为中性粒细胞增高；病毒性肺炎白细胞计数正常、稍高或偏低，单核细胞常升高，淋巴细胞正常或减少。

7. 病毒性肺炎发病情况如何？

病毒性肺炎免疫功能正常或抑制的个体均可罹患。该肺炎大多发生于冬春季节，可暴发或散在流行。据中华医学会发布的《成人社区获得性肺炎基层诊疗指南（2018年）》显示，我国成人 CAP 患者中病毒检出率为 15.0%~34.9%，流感病毒占首位，其他病毒包括副流感病毒、鼻病毒、腺病毒、人偏肺病毒及呼吸道合胞病毒等。病毒检测阳性患者中，5.8%~65.7% 可合并细菌或非典型病原体感染。

近年来，新的变异病毒不断出现，产生暴发流行，如 SARS 冠状病毒、禽流感病毒、MERS 冠状病毒、新型冠状病毒等。密切接触的人群或有心肺疾病者容易罹患，老人、原有慢性心肺疾病者或妊娠妇女等感染者病情较重，甚至可导致死亡。

8. 病毒感染在医院内获得性肺炎中常见吗？

医院内获得性肺炎（HAP）指患者入院时不存在、也不处于感染潜伏期，而入院 48 小时后在医院（包括老年护理院、康复院）内发生的肺炎。研究显示，流感病毒、呼吸道合胞病毒感染率均不足 1%，病毒不是 HAP 常见病原体。

9. 冠状病毒感染会出现什么症状？

冠状病毒是一个大型病毒家族，感染后的症状取决于感染病毒的种类以及自身的免疫功能。冠状病毒通常可引起上呼吸道感染，如发热、鼻塞、流涕、咽痛、咳嗽、气促、呼吸困难等，严重者可导致急性呼吸窘迫综合征、脓毒症休克、肾衰竭和出凝血功能障碍等。

10. 新型冠状病毒的传染性怎么样?

根据现有资料分析,新型冠状病毒具有一定的传播强度,如果不采取防护措施,理论上1个患者可以将病毒传播给2~3个人,甚至更多的人。根据疫情进展,对病毒传播力的认识会更清晰。

11. 新型冠状病毒的主要传染源是什么?

目前所见传染源主要是新型冠状病毒感染的患者。无症状感染者也可能成为传染源。疫情发生后,研究人员通过流行病学调查追踪到了武汉华南海鲜市场,经过病毒序列比对分析,推测新型冠状病毒自然宿主可能是野生动物,但可能存在未知的中间宿主媒介。

12. 新型冠状病毒的主要传播途径是什么?

目前,新型冠状病毒主要的传播途径是呼吸道飞沫传播和接触传播,气溶胶和粪—口等传播途径尚待进一步明确。通过流行病学调查显示,病例多可以追踪到与确诊的病例有过近距离密切接触的情况。

13. 冠状病毒是如何寻找宿主的?

很多野生动物可能携带病原体,成为某些传染病的传染源或传播媒介,果子狸、蝙蝠、竹鼠、獾等是冠状病毒的常见宿主。

研究表明，SARS-CoV 等病毒类群都为蝙蝠体内的冠状病毒 HKU9-1，许多冠状病毒的天然宿主也是蝙蝠。基因组序列同源性分析显示此次新型冠状病毒与蝙蝠 SARS 样冠状病毒的同源性达 85% 以上，蝙蝠很有可能为此次新型冠状病毒的天然宿主，后经过演化变异，实现了天然宿主（蝙蝠）—中间宿主—人的传播。

从目前现场溯源调查等结果推测，新型冠状病毒起源于野生动物，可能经由武汉华南海鲜批发市场某种野生动物及其污染的市场环境感染人，进而造成人与人之间的传播。

14. 新型冠状病毒可以人传人吗？

根据目前的证据，可以确定新型冠状病毒可以持续人传人。人传人造成了家庭聚集性感染和医护人员感染，且存在一定范围的社区传播。

15. 病原体如何通过飞沫传播？

飞沫传播是许多感染原的主要传播途径，由患者咳嗽、打喷嚏、说话时，喷出温暖而潮湿之液滴，病原附着其上，随空气扰动飘散，短时间、短距离地在风中飘浮，由下一位宿主因呼吸、张口或偶然碰触到眼睛表面时黏附，造成新的宿主受到感染。飞沫传播是新型冠状病毒感染的肺炎的主要传播途径。

16. 新型冠状病毒的易感人群有哪些?

人群普遍具有易感性。免疫功能正常和免疫功能低下的人均可感染新型冠状病毒。接触的病毒量越大,接触病毒的机会越多,感染的可能性越大。老年人及有基础疾病者感染后病情较重,预后较差,死亡率较高。儿童及婴幼儿也有发病,但症状相对较轻。

17. 室外运动会增加新型冠状病毒感染的机会吗?

虽然新型冠状病毒不能通过空气远距离传播,但室外活动会增加接触传染源的机会。新型冠状病毒可以通过飞沫传播、接触传播,因此疫情期间建议取消室外运动计划,在家中进行适当运动锻炼更为合适。

18. 乘坐厢式电梯有感染新型冠状病毒的风险吗?

乘坐厢式电梯存在感染风险,2003年"非典"疫情时便曾在香港发生过经电梯传染疾病的事件。厢式电梯属密闭空间,飞沫传播、接触传播可能性均较大,应当高度警惕,做好电梯消毒工作,尽量少乘坐电梯,必须乘坐时应正确佩戴口罩,并尽量避免接触厢体,避免人员拥挤,保持适当距离,遵守咳嗽礼仪,并及时洗手。

19. 使用中央空调有感染新型冠状病毒的风险吗？

通过空调通风系统的正确运行，可有效降低新型冠状病毒交叉感染的概率。

（1）尽可能使用空调全新风运行，并加大新风量，有条件开窗时可定时开窗通风，有利于防止病毒传播。

（2）针对不具备新风条件的建筑，为了防止交叉感染，需要增设中效、亚高效过滤器，可以有效去除空气中的细微颗粒物。

（3）如果前两条措施均不能实现，建议尽量避免使用中央空调。

20. 空气中飘浮的新型冠状病毒会导致行人感染吗？

新型冠状病毒很少会单独存在，通常附着在颗粒物表面，而附着有病毒的颗粒物不会长时间在空气中飘浮。只有长时间在密闭的病毒含量较高的空间中，才有一定的通过气溶胶感染的可能。所以，一般情况下只要正确佩戴口罩，是不容易被空气中飘浮的病毒感染的。

21. 新型冠状病毒可以通过眼神传播吗？

新型冠状病毒主要通过飞沫传播，亦可以通过接触传播。眼神传播病毒属无稽之谈，没有科学依据。

22. 接触现金会感染新型冠状病毒吗?

现金流通渠道复杂,确实会有很多细菌、病毒等病原体附着在上面,但并不是接触现金后一定会感染病毒。接触现金后,如果不及时正确洗手,并且用手揉眼睛、拿东西吃或摸伤口等才有可能导致病毒感染。建议大家在接触现金后正确洗手,避免用不清洁的手接触眼睛、口、鼻。

23. 宠物会传播新型冠状病毒吗?

目前没有证据显示狗、猫等宠物会传播新型冠状病毒。然而,与宠物接触后,用肥皂和水洗手总是有益的,可以显著减少其他常见细菌(如大肠杆菌、沙门氏菌等)在宠物和人类之间的传播。

24. 新型冠状病毒是否有母婴传播的可能?

目前尚不能确认有没有母婴传播的风险,因此不能排除存在母婴传播的可能性。"孕母有疑似或确诊新型冠状病毒感染的新生儿"已作为儿童新型冠状病毒感染的肺炎的诊断标准的流行病学史依据之一,也就是说如果怀孕的母亲有病毒感染的情况,出生的新生儿也有感染的可能性。

孕妇是新型冠状病毒的易感人群,病情进展快,尤其是中晚期妊娠,易演变为重症。因此孕妇一旦感染新型冠状病毒,需经感染科、呼吸科、产科、ICU等相关科室共同评估以确定是否终止妊娠。

25. 什么是可疑暴露者?

可疑暴露者指暴露于新型冠状病毒检测阳性的野生动物、物品和环境,且暴露时未采取有效防护的加工、售卖、搬运、配送或管理等人员。

26. 什么是密切接触者?

密切接触者是指与确诊或高度疑似病例有以下接触情形之一,但未采取有效防护者。

(1)共同居住、学习、工作或有其他密切接触的人员。

(2)诊疗、护理、探视病例的医护人员、家属或其他有类似近距离接触的人员。

(3)乘坐同一交通工具并有近距离接触的人员。

(4)现场调查人员调查后经评估认为符合其他形式密切接触的人员。

27. 为什么要对密切接触者进行医学观察 14 天?

目前已知新型冠状病毒感染的肺炎潜伏期最长约为 14 天,病例存在人传人情况,参照 SARS 和 MERS 的防控经验判断,潜伏期患者同样具有传染性,医学观察时间不应低于潜伏期,故在 14 天内密切观察,以尽早发现疑似病例。医学观察期满时,如未出现相关症状,解除医学观察。

28. 什么是超级传播者?

某一感染者体内的病毒出现变异或适应人体的情况,导致该病毒的传播能力增强,进而令该患者可以感染很多密切接触者,这样的患者被称为超级传播者。具体来讲,如果某传播者感染人数超过 10 人,则可以称其为超级传播者。

29. 什么是毒王?

毒王具有两层含义:一为传播能力强,此层含义与超级传播者类似;二为传播者感染的病例通常出现重症,甚至多有死亡。毒王是病毒变异后感染力和致病性增强的体现。

30. 什么是医学观察?

医学观察是指对可疑的传染病患者和曾经与传染病患者或者疑似传染病患者有密切接触的人(密切接触者)按传染病的最长潜伏期采取隔离措施,观察其健康状况,有否染病可能,以便对这些人在疾病的潜伏期和进展期内获得及早诊断、治疗与救护,又可减少和避免将病原体传播给健康人群。这是一项对可疑患者、密切接触者和周围人群的医学保护措施,所以被采取医学观察措施的人并不仅仅是疑似患者,还应包括可疑暴露者和密切接触者(密切观察,但不限制活动)。主要用于乙类传染病。

31. 新冠肺炎属于中医何种病证？

根据新冠肺炎的流行病学特点、临床表现特点等，可将其归为中医"疫病"范畴。疫病是外感疫疠邪气所引起的具有强烈传染性、易引起大流行的一类急性发热性疾病的统称。《辞源》解释为："疫病，人或牲畜家禽所生的急性传染病。"

32. 此次疫病的病因病机是什么？

此次疫病病因为感受疫疠之气，由时疫湿邪所致。无论老少强弱，普遍易感。寒湿疫邪多从口鼻而入，郁闭肺气；继则郁而化热，湿热交结，疫毒闭肺；甚则热入营血，乃至内闭外脱；病久耗气伤阴，出现肺脾气虚之证。

33. 何为疫疠之气？

葛洪在《肘后备急方》中说："岁中有厉气，兼夹鬼毒相注，名曰温病。"所谓厉气、时行之气、乖疠之气皆是中医认为的"非其时而有其气"。疫疠之气与正气相对应，多为邪气，指能传染多种疾病的病源，多从口鼻侵入人体。

34. 疫病有哪些发病特点？

疫病具有传染性、流行性、季节性、地域性等特点，传染性与流行性主要由邪气的特性和毒力所决定，季节性和地域性主要与气候变化和地理环境有关。疫病常起病急，传变快；发热为主症，热象偏重；易化燥伤阴；易内陷生变。

35. 疫病发病与体质强弱有关吗？

疫病发病除感受疫戾之气外，还与人体正气不足有直接关系。《黄帝内经》中说："正气存内，邪不可干……邪之所凑，其气必虚。"如果人体正气内固，抗御邪气的能力则较强，邪气往往不得入侵，当然还与邪气的毒力有关。而对于老年人、孕产妇或有基础疾病的患者，往往正气不足，较普通人更易发病，且病情较重，发展较快。

03
叁

新冠肺炎的临床诊断

1. 新冠肺炎的临床表现是什么？

新冠肺炎人群普遍易感，成人患者年龄分布在 25~89 岁，多数集中在 35~55 岁，潜伏期 1~14 天，多为 3~7 天。临床症状以发热、乏力、干咳为主要表现。少数患者伴有鼻塞、流涕、咽痛和腹泻等症状，重型患者多在发病 1 周后出现呼吸困难和 / 或低氧血症，严重者快速进展为急性呼吸窘迫综合征、脓毒症休克、难以纠正的代谢性酸中毒和出凝血功能障碍。值得注意的是，重型、危重型患者病程中可为中低热，甚至无明显发热。轻型患者仅表现为低热、轻微乏力等，无肺炎表现。从目前收治的病例情况看，多数患者预后良好，少数患者病情危重。老年人和有慢性基础疾病者预后较差。儿童病例症状相对较轻。

2. 新冠肺炎的实验室检查都有什么？

新冠肺炎的实验室确诊需满足呼吸道标本（鼻咽拭子、痰、下呼吸道分泌物）或血液标本实时荧光 RT–PCR 检测新型冠状病毒核酸阳性；或行呼吸道标本或血液标本病毒基因测序，与已知的新型冠状病毒高度同源。其他鉴别诊断辅助检查包括肌酸激酶、肝酶、呼吸道病毒检测等。

3. 新冠肺炎实验室检查有什么特点？

发病早期外周血白细胞总数正常或减少，淋巴细胞计数减少，部分患者可出现肝酶、乳酸脱氢酶、肌酶和肌红蛋白增高，部分危重者可见肌钙蛋白增高。多数患者 C 反应蛋白和血沉升高，降钙素原正常。严重者 D- 二聚体升高、外周血淋巴细胞进行性减少。在鼻咽拭子、痰、下呼吸道分泌物、血液、粪便等标本中可检测出新型冠状病毒核酸。

4. 新冠肺炎的影像学特点是什么？

早期呈现多发小斑片影及间质改变，以肺外带明显。进而发展为双肺多发磨玻璃影、浸润影，严重者可出现肺实变，胸腔积液少见。

5. 如何诊断新冠肺炎疑似病例？

诊断疑似病例需结合以下流行病学史和临床表现综合分析。

湖北以外省份：

（1）流行病学史：① 发病前 14 天内有武汉市及周边地区，或其他有病例报告社区的旅行史或居住史；② 发病前 14 天内与新型冠状病毒感染者（核酸检测阳性者）有接触史；③ 发病前 14 天内曾接触过来自武汉市及周边地区，或来自有病例报告社区的发热或有呼吸道症状的患者；④ 聚集性发病。

（2）临床表现：① 发热和 / 或呼吸道症状；② 具有新冠肺炎胸部影像学特征；③ 发病早期白细胞总数正常或降低，或淋巴细胞计数减少。

有流行病学史中的任何一条，且符合临床表现中任意 2 条即可诊断为疑似病例。无明确流行病学史的，符合临床表现中的 3 条。

湖北省：

（1）流行病学史：① 发病前 14 天内有武汉市及周边地区，或其他有病例报告社区的旅行史或居住史；② 发病前 14 天内与新型冠状病毒感染者（核酸检测阳性者）有接触史；③ 发病前 14 天内曾接触过来自武汉市及周边地区，或来自有病例报告社区的发热或有呼吸道症状的患者；④ 聚集性发病。

（2）临床表现：① 发热和 / 或呼吸道症状；② 发病早期白细胞总数正常或减少，或淋巴细胞计数减少。

有流行病学史中任何一条或无流行病学史，且同时符合临床表现中 2 条。

6. 什么是流行病学史？

流行病学史也就是我们常说的流行病学接触史，在传染病发生时，利用流行病学特征，根据传染病患者的接触史，对患者进行传染来源的推断或诊断。

7. 新冠肺炎如何确诊？

临床诊断病例或疑似病例具备以下病原学证据之一者即可确诊。

（1）呼吸道标本或血液标本实时荧光 RT-PCR 检测新型冠状病毒核酸阳性。

（2）呼吸道标本或血液标本病毒基因测序，与已知的新型冠状病毒高度同源。

8. 目前是否可以快速确诊新型冠状病毒感染？

目前，提交鼻咽拭子、痰、下呼吸道分泌物、血液等样本后，已经能够通过新型冠状病毒核酸检测试剂盒实现快速确诊。

9. 新冠肺炎确诊所用试剂盒原理是什么？

新冠肺炎确诊所用试剂盒使用的方法是荧光 RT-PCR 法。新型冠状病毒拥有特异的靶序列，在遗传序列扩增反应中，以荧光化学物质测每次聚合酶链式反应（PCR）循环后产物总量，通过对待测样品中的特定序列进行定量分析，可最终确定该特定序列与新型冠状病毒遗传序列之间的关系。

10. 新冠肺炎临床如何分型？

根据患者症状、体征、影像学表现等可分为以下类型。

（1）轻型。临床症状轻微，影像学未见肺炎表现。

（2）普通型。具有发热、呼吸道等症状，影像学可见肺炎表现。

（3）重型。符合下列任何一条：① 呼吸窘迫，RR ≥ 30 次 / 分；② 静息状态下，指氧饱和度 ≤ 93%；③ 动脉血氧分压 / 吸氧浓度 ≤ 300 mmHg。

（4）危重型。符合以下情况之一者：① 出现呼吸衰竭，且需要机械通气；② 出现休克；③ 合并其他器官功能衰竭需 ICU 监护治疗。

11. 新冠肺炎应与哪些疾病相鉴别?

主要与流感病毒、副流感病毒、腺病毒、呼吸道合胞病毒、鼻病毒、人偏肺病毒、SARS冠状病毒等其他已知病毒性肺炎鉴别,与肺炎支原体、衣原体肺炎及细菌性肺炎等鉴别。此外,还要与非感染性疾病,如血管炎、皮肌炎和机化性肺炎等鉴别。

12. 如何鉴别普通感冒、流感和新冠肺炎?

普通感冒即急性上呼吸道感染,主要表现为鼻塞、流鼻涕、打喷嚏,无明显发热、头痛、全身关节疼痛,全身表现相对较轻,一般没有危险。

流感为广泛流行性疾病,由流感病毒感染引起,不局限于上呼吸道,下呼吸道也会受累。常表现为高热、头痛、乏力、食欲下降等全身症状,根据临床表现可分为典型流感、流感病毒性肺炎、中毒型和胃肠型流感。病毒分离与血清学检查等可与普通感冒鉴别。

新型冠状病毒常有潜伏期,部分患者感染后无明显症状,仅在呼吸道中检测到病毒。典型新型冠状病毒感染者病情有一个逐步加重的过程,重型病例多在1周后出现呼吸困难。利用病原学证据及临床表现可与流行性感冒及普通感冒鉴别。

13. 普通感冒的咳嗽和新冠肺炎的咳嗽有什么区别吗？

咳嗽是机体的一个保护性动作。普通感冒的咳嗽和新冠肺炎早期感染的咳嗽很难鉴别，都是以干咳为主。两者主要从伴随的其他症状相鉴别：普通感冒常伴有发热、恶寒、鼻塞、流涕、打喷嚏、咽痒咽痛等症状；本次新冠肺炎的早期症状以发热、干咳、乏力为主要临床表现，相对来说，全身症状更明显。至于说新冠肺炎中后期的咳嗽，主要是肺部病毒感染引起，可出现呼吸急促、胸闷憋气等呼吸困难表现，可出现氧饱和度降低等情况。

14. 如果出现相似临床症状，是否一定是新型冠状病毒感染者？

不一定。发热、流涕、轻度干咳、乏力、呼吸不畅、腹泻等症状在其他呼吸道及肠道疾病中也常见，并非新型冠状病毒感染所特有。诊断还需要结合流行病学史，病毒核酸检测等检查结果。

15. 发热患者都需要去发热门诊就诊吗？

如果出现发热症状，首先需要判断是否有流行病学史。如果有流行病学史，建议去发热门诊就诊；如果没有，可以去普通门诊就诊。目前医院都设有预检分诊处，如果自己不能判断，可以咨询预检分诊人员。

16. 出现发热症状, 但并不知道自己是否有流行病学史, 应该怎么办?

对于急性发热（72 h 内, 体温高于 37.5℃）且肺部影像学正常者, 若外周血淋巴细胞绝对值小于 0.8×10^9/L, 或出现 CD_4^+ 及 CD_8^+ 细胞计数明显下降者, 即使核酸检测未呈现阳性, 也应居家隔离、密切观察。

04 肆

新冠肺炎的中西医临床治疗

1. 如何根据新冠肺炎的病情状况就医？

轻型患者、症状温和者可考虑家中隔离。若发热、咳嗽、咽痛、胸闷、呼吸困难、纳差、乏力、精神差、恶心呕吐、腹泻、头痛、心慌、结膜炎等症状进行性加重，则应根据病情及时到医疗机构就诊。

2. 疫情期间，发热患者去医院应该挂哪个科室？

发热患者去医院，每个人，包括患者家属都要佩戴口罩。首先去预检分诊处，护士会给患者戴上医用外科口罩（最好自行佩戴），测量体温，并询问流行病学史。符合相关条件的患者，分诊到专门发热门诊就诊。

3. 出现什么症状该去发热门诊就诊？

有发热、咽痛、咳嗽（干咳少痰）、乏力等症状，就该到医院的发热门诊就诊。如果同时有胸闷、气促、呼吸困难等症状，必须立即就诊。

4. 西医西药如何治疗新冠肺炎（普通型）？

（1）卧床休息，加强支持治疗，保证充分热量，注意水、电解质平衡，维持内环境稳定。

（2）根据病情监测各项指标。

（3）根据血氧饱和度的变化，及时给予有效氧疗措施。

（4）抗病毒治疗：目前没有确认有效的抗病毒治疗方法，可试用 α-干扰素雾化吸入、洛匹那韦/利托那韦，或可加用利巴韦林，但需注意洛匹那韦/利托那韦相关不良反应及与其他药物的相互作用。

（5）抗菌药物治疗：避免盲目或不恰当使用抗菌药物，尤其是联合使用广谱抗菌药物。

5. 西医西药如何治疗新冠肺炎（危重型）？

治疗原则：在对症治疗的基础上，积极防治并发症，治疗基础疾病，预防继发感染，及时进行器官功能支持。

呼吸支持：鼻导管或面罩吸氧、无创机械通气、有创机械通气等的合理应用。对严重急性呼吸窘迫综合征（ARDS）患者建议进行肺复张。

循环支持：充分液体复苏基础上，改善微循环，使用血管活性药物，必要时进行血流动力学监测。

其他治疗措施：可根据患者病情，酌情使用糖皮质激素；可使用肠道微生态调节剂维持肠道生态平衡；对有高炎症反应的危重患者，可考虑使用体外血液净化技术；可采用恢复期血浆治疗。

6. 中医如何分期治疗新冠肺炎？

本病属于中医疫病范畴，病因为感受疫戾之气，可分为医学观察期、临床治疗期。其中临床治疗期可分为初期——寒湿郁肺、中期——疫毒闭肺、重症期——内闭外脱、恢复期——肺脾气虚。各期临床症状及处方用药具体可参照《新型冠状病毒感染的肺炎诊疗方案（试行第五版）》进行辨证论治。

7. 新冠肺炎可以治愈吗？

现已有部分患者在医生的积极治疗下出院。世界卫生组织发布了《针对疑似新型冠状病毒感染造成严重急性呼吸道感染的临床处置指南》、国家卫生健康委员会发布了《新型冠状病毒感染的肺炎诊疗方案（试行第五版）》，为科学规范做好新冠肺炎病例诊断和医疗救治工作提供了进一步的指导。

8. 新冠肺炎的解除隔离和出院标准是什么？

体温恢复正常 3 天以上，呼吸道症状明显好转，肺部影像学显示炎症明显吸收，连续两次呼吸道病原核酸检测阴性（采样时间间隔至少 1 天），可解除隔离出院或根据病情转至相应科室治疗其他疾病。

9. 新型冠状病毒感染的危重症患者应对策略有哪些？

预检分诊，识别并分类严重急性呼吸道感染患者；立即实施正确的感染预防与控制措施；早期支持治疗与监控；采用临床标本用于实验室诊断；处理低氧性呼吸衰竭及急性呼吸窘迫综合征；脓毒性休克的管理；并发症的预防；抗病毒治疗；妊娠患者的特别注意事项。

10. 新型冠状病毒感染的患者转运原则是什么？

目前，国家卫生健康委员会规定，各级卫生健康行政部门统筹负责辖区内新冠肺炎病例转运的指挥调度工作。疑似病例和确诊病例都应转运至定点医院集中救治。医疗机构发现新冠肺炎病例时，需向本地卫生健康行政部门报告，由市级卫生健康行政部门组织急救中心，将病例转运至定点救治医院。急救中心应当设置专门的区域停放转运救护车辆，配置洗消设施，配备专门的医务人员、司机、救护车辆负责新冠肺炎病例的转运工作。医疗机构和急救中心应当做好患者转运交接记录，并及时报上级卫生健康行政部门。

11. 有特效药物治疗新冠肺炎吗？

到目前为止，还没有专门用于治疗新冠肺炎的特效药物。特定的治疗方法正在研究中，并将通过临床试验进行测试。

12. 双黄连口服液能否有效治疗新冠肺炎？

2020年1月31日，有消息称，初步发现中成药双黄连口服液可抑制新型冠状病毒。但是双黄连口服液治疗新冠肺炎的临床研究尚未开展，目前不能确定临床疗效。而且服用双黄连口服液可能会产生一些不良反应，如皮肤瘙痒、皮疹、恶心、呕吐等，在尚未确认疗效的情况下，须谨慎服用。

13. 瑞德西韦能否有效治疗新冠肺炎?

2020年1月31号,NEJM杂志报道了美国的第一例新冠肺炎患者,住院第七天开始使用瑞德西韦,次日退烧,症状减轻。该药目前在全球任何地方都没有正式获批,也没有被证实任何使用方面的安全性。其研发公司Gilead声明:"在地方监管机构的支持和医疗人员充分衡量治疗新型冠状病毒的风险和收益的情况下,在没有其他已被批准的治疗手段的前提下,Gilead向小部分患者提供瑞德西韦用于紧急情况下的治疗。"目前瑞德西韦治疗新冠肺炎的临床研究已经在中国展开,以检测瑞德西韦在治疗该肺炎方面是否安全有效。

14. 洛匹那韦/利托那韦能否有效治疗新冠肺炎?

洛匹那韦/利托那韦属于抗艾滋病药物,在《新型冠状病毒感染的肺炎诊疗方案(试行第五版)》中作为抗病毒治疗药物被提及。有部分患者应用该药后症状好转。但是洛匹那韦/利托那韦治疗新冠肺炎的实际疗效仍有待验证。目前,我国正在开展洛匹那韦/利托那韦治疗该肺炎的随机对照试验。

15. 奥司他韦可以治疗新冠肺炎吗?

奥司他韦能在体内转化成活性产物奥司他韦羧酸盐。它是一种选择性抑制神经氨酸酶活性的药物,可阻止子代病毒从被感染细胞中释放和侵略邻近细胞,减少体内病毒复制,从而起到治疗甲型流感和乙型流感作用。目前，没有证据显示奥司他韦对治疗新冠肺炎有效。

16. 利巴韦林可以治疗新冠肺炎吗？

在国家卫生健康委员会发布的《新型冠状病毒感染的肺炎诊疗方案（试行第五版）》一般治疗方法中提到：可加用利巴韦林（成人首剂 4 g，次日每 8 小时一次，每次 1.2 g，或 8 mg/kg iv，每 8 小时一次）。

17. 抗生素可以治疗新冠肺炎吗？

新冠肺炎为病毒感染，现有的抗生素不能对新型冠状病毒起效，因此不能治疗新冠肺炎。但是有一部分病毒性肺炎患者会合并细菌感染，此时需要应用抗生素进行治疗。

18. 新冠肺炎治疗后期的中医肺康复手段有哪些？

（1）中药：参照《新型冠状病毒感染的肺炎诊疗方案（试行第五版）》，恢复期——肺脾气虚的临床表现为气短、倦怠乏力、纳差呕恶、痞满、大便无力、便溏不爽、舌淡胖、苔白腻。推荐处方：法半夏 9 g、陈皮 10 g、党参 15 g、炙黄芪 30 g、茯苓 15 g、藿香 10 g、砂仁 6 g（后下）。

（2）运动疗法：可利用太极拳、太极剑等运动锻炼肺部功能，提高免疫力。

（3）饮食疗法：中医认为肺为娇脏，喜润恶燥，不耐寒热，故应食性平、味甘、养阴润肺、补肺气之品，例如木耳、川贝、百合、山药等。且肺与大肠相表里，因此还可多吃瓜果蔬菜和粗粮。

19. 新冠肺炎治疗后期的西医肺康复手段有哪些？

（1）药物：主要为控制感染、小剂量的激素维持、氧疗等。

（2）心理干预：在患者与疾病抗争的同时给予患者更细微的人情温暖与关怀。

（3）运动疗法：例如拉伸起坐、空中踩单车、桥式运动、呼吸肌肉锻炼和有效的咳嗽咳痰训练等。

20. 新冠肺炎患者的 4S 呼吸康复原则是什么？

simple：康复方法简单，不需要康复人员协助；safe：方法安全，不需要监测和协助；satisfy：康复效果让患者、医务人员满意；save：康复方法能节省费用。

21. 4S 呼吸康复前如何建立通风对流的呼吸康复环境？

在居室或病房的入口和窗台分别安置风扇，入口处风扇往居室或病房吹风，窗台处风扇往窗外空旷通风的地方吹，使居室或病房保持良好的通风对流；也可以使用加温的风扇提高室内温度。

22. 进行 4S 呼吸康复时患者和康复指导人员的位置应怎样?

尽量采用简单的方法,不需要床边指导。如需要指导时,可以通过微信、电话等通信手段远程指导。如需要床边指导时,患者处于室内通风对流的风尾侧,保证溢出的飞沫向室外空旷地方排放;康复指导人员在严格防护下,处于室内通风对流的风头侧,同时避免与患者接触。

23. 4S 呼吸康复的具体操作有哪些?

(1)患者呼吸肌肉训练、咳嗽、咳痰和打喷嚏的方法。患者面对窗台的风扇、背向入口的风扇,进行呼吸肌肉训练、咳嗽、咳痰和打喷嚏作业。进行呼吸肌肉训练,可以采用呼吸操或呼吸训练器,根据患者吸气和呼气肌力调节呼吸训练器的阻力大小;当患者咳嗽、咳痰和打喷嚏时,需要用纸巾包住口鼻,再进行咳嗽、咳痰和打喷嚏;有分泌物的纸巾存放于有盖子的垃圾桶。

(2)全身运动。在床上做包括空中踩车、拱桥和拉伸起坐的卧位康复操,对于重型和 / 或危重型患者,可以根据自己的舒适度,调整每个动作的幅度、次数,达到舒适前提下的最大运动量。

(3)消化功能康复。患者卧床间断做提肛和收缩腹肌动作,提高腹部的血液循环,提高消化功能。

（4）心理康复。为了减少患者的焦虑，配合隔离和治疗，可以采取如下方法：通过手机定期给患者发送问候信息；及时告知病情好转信息；定期递送食品；对于重型和危重型患者，需定期床边查看。

24. 中医中药有抗新型冠状病毒的作用吗?

目前，中医中药在新冠肺炎治疗中已经显示出明确疗效，在减轻发热症状、控制病情进展、减少激素用量、减轻并发症等方面具有疗效。中药的抗病毒作用也在积极进行研究，相信可以发现具有抗病毒作用的中药成分。

25. 中药抗病毒的机制有哪些?

（1）直接抗病毒作用：主要是指对病毒的直接杀灭，以及阻断病毒对正常细胞的吸附、穿入、复制等环节而达到抗病毒的目的。

（2）间接抗病毒作用：促进免疫器官的发育，增强吞噬细胞的吞噬能力，增强机体的体液免疫、细胞免疫，诱生干扰素使之产生抗病毒蛋白和抑制病毒高分子生物合成，增强自然杀伤细胞的活性，改善病毒所致机体的不良反应和病变。

26. 有抗病毒作用的中药有哪些?

单味中药：金银花、板蓝根、鱼腥草、甘草、虎杖、黄芩等。

中药复方：麻杏石甘汤、银翘散、疏风宣肺方、大青龙汤、冰香散、玉屏风散等。

中成药：喜炎平注射液、连花清瘟胶囊、热毒宁注射液、银花平感颗粒、疏风解毒胶囊（颗粒）。

27. 古代中医是如何治疗此类传染病的?

《黄帝内经·上古天真论》中明确指出："虚邪贼风，避之有时，恬淡虚无……病安从来。"《黄帝内经·刺法论》记载："黄帝曰：余闻五疫之至，皆相染易，无问大小，病状相似，不施救疗，如何可得不相移易者？岐伯曰：不相染者，正气存内，邪不可干，避其毒气，天牝从来，复得其往，气出于脑，即不邪干。"

医圣张仲景在《伤寒杂病论》中创造性提出六经辨证法。张从正在《儒门事亲》中指出，在瘟疫大发作时，多是表证，不宜使用有大毒的攻下药。朱丹溪在《丹溪心法》中提出治疗瘟疫的三法：宜补，宜散，宜降。清朝余师愚根据暑热疫的病证特点，创立"清瘟败毒饮"，对温热疫的辨证治疗具有典范作用。

28. 中医学理论体系区别于西医的主要特点是什么?

（1）天人合一、形神兼具的健康观。中医认为人和自然、社会、环境处于和谐状态即为健康；就机体本身，中医认为形体和生理功能处于统一状态即为健康。

（2）正邪交争、阴阳失和的疾病观。中医认为阴阳是生命运动的基本规律，一旦邪正交争的结果使阴阳的运动发生了异常，就会出现疾病。

（3）治病求本、防治结合的防治观。中医治病必求于本，强调医者要针对疾病的根本原因确定正确的治本方法；中医还强调要未病先防、既病防变、瘥后防复。

29. 中西医结合治疗新冠肺炎效果如何？

目前，广东、北京、天津、山西等地定点医院和武汉部分定点医院均采用中西医结合的方法救治患者。北京最先治愈出院的两例以及武汉定点医院的不少病例都是经过中西医结合治疗治愈出院的。因此，中医药治疗新冠肺炎是有效的，中西医结合治疗可提高临床效果。

05 伍 新冠肺炎的预防和调护

1. 冠状病毒体积非常小，佩戴口罩是否能有效进行防护？

口罩的作用是阻挡病毒传播的"载体"，而非直接挡住病毒。冠状病毒主要通过呼吸道飞沫进行传播，合理佩戴口罩可有效阻挡飞沫，也就能阻挡病毒直接进入人体内。另外，不一定非要佩戴 KN95 或 N95 型口罩，一般的外科口罩也可阻挡大部分粘在飞沫上的病毒进入呼吸道。

2. 如何选择口罩？

（1）一次性使用医用口罩：公众在非人员密集的公共场所佩戴。

（2）医用外科口罩：发热或疑似患者、公共交通的司乘人员等在岗期间佩戴。

（3）颗粒物防护口罩：公共卫生人员现场调查、采样、检测时佩戴；公众在人员高度密集的场所也可以佩戴。

（4）医用防护口罩：推荐给发热门诊等医护人员，以及确诊人员佩戴。

3. 什么情况下要佩戴口罩？

患有呼吸道传染病的患者如流感患者应佩戴口罩，以避免传染给他人。治疗、护理、探视患有呼吸道传染病的患者时要佩戴口罩，以避免感染，保护自己。医护人员在诊治患有呼吸道传染病的患者时，应按常规佩戴口罩。在新型冠状病毒流行期间，到人员较多、较密集的场所时，乘坐公共交通工具时要佩戴口罩。怀疑自己患了呼吸道传染病，需要去医院就诊时必须佩戴口罩。

4. 怎样正确佩戴耳挂式一次性医用外科口罩？

（1）鼻夹侧朝上，深色面朝外（或褶皱朝下）。

（2）上下拉开褶皱，使口罩覆盖口、鼻、下颌。

（3）将双手指尖沿着鼻梁金属条，由中间至两边，慢慢向内按压，直至紧贴鼻梁。

（4）适当调整口罩，使口罩周边充分贴合面部。

建议 2~4 小时更换一次，如口罩变湿或沾到分泌物也要及时更换。

5. 怎样正确佩戴头戴式一次性医用外科口罩？

（1）轻捏鼻夹，将口罩上松紧带在头上紧系，防止空气进入。

（2）将口罩放在脸上，确保能够罩住鼻子和嘴。

（3）将口罩下松紧带绑在颈部，并系紧。

（4）务必完全打开口罩，以尽量减少呼吸时使用的层数。

6. 什么情况下有必要佩戴 N95 型口罩？

KN95/N95 及以上颗粒物防护口罩的防护效果优于医用外科口罩、一次性使用医用口罩，推荐现场调查、采样和检测人员等使用，公众在人员高度密集场所或密闭公共场所也可佩戴。

7. 到底需不需要佩戴有呼气阀的 N95 型口罩？

有没有呼气阀都不影响对佩戴者的呼吸保护。简单地说，有呼气阀的 N95 型口罩可以保护佩戴者，但不保护周围的人。如果您是病毒携带者，请选用没有呼气阀的 N95 型口罩，避免把病毒传播开。如果要维护一个无菌环境，也不能使用有呼气阀的 N95 型口罩。

8. 所有人都适合佩戴 N95 型口罩吗？

在选择口罩的时候，并不是口罩防护等级越高越好。口罩的防护等级越高，也就意味着对正常呼吸的阻力越大，呼吸越困难。N95 型口罩定位于给工业领域的劳动者提供专业防护，虽然可有效阻挡 PM2.5 以下的可吸入颗粒，但使用前需经佩戴训练与密合度测试。因为它的透气性差，呼吸阻力大，佩戴后会有胸闷、不舒服的感觉，佩戴时间不宜过长。老人、孩子、孕妇，以及患有呼吸道疾病的患者不建议佩戴。

9. 儿童选择和佩戴口罩有什么注意事项？

疫情期间，每个人外出都需要佩戴口罩，儿童也不例外。其注意事项有以下几个方面：儿童脸型偏小，不能使用成年人的口罩，所以应该选用儿童专用的医用外科口罩或医用一次性口罩；N95 型口罩因密闭性强，容易造成佩戴者呼吸困难，建议年龄较大儿童使用，家长一定做好监护；1 岁以下儿童不建议佩戴口罩，所以一定减少这部分儿童的外出时间。

10. 办公室只有自己一人办公，还需要佩戴口罩吗？

只有自己一人时是不需要佩戴口罩的。但当自己有发热、咳嗽等呼吸道症状时，为了避免周围环境被污染，防止感染他人，仍需要佩戴口罩，并要经常开窗通风。

11. 口罩佩戴多长时间需要更换？

不管是哪种类型的口罩，防护效果都是有限的，需要定期更换。N95 级别以上口罩理论上可使用 1~2 天，一次性 N95 型口罩摘下后不能重复使用。医用外科口罩最长使用时间为 4 小时，打湿后应立即更换。无论哪种口罩，当出现以下情况时，应及时更换：① 呼吸阻抗明显增加时；② 口罩有破损或损坏时；③ 口罩与面部无法密合时；④ 口罩受污染（如染有血渍或飞沫等异物）时；⑤ 曾使用于个例病房或病患接触（该口罩已被污染）。

12. 佩戴多个口罩是不是防护效果更好、更安全？

凡是合格产品，且正确佩戴，只需 1 个口罩就能达到预期的防护效果，佩戴多个口罩反而影响口罩的密封保护性能。

13. 可以用微波炉加热方式给口罩消毒吗？

用微波炉、电烤箱、蒸锅等以加热方式给口罩消毒不可取。

一方面口罩内部结构被破坏，口罩无法再次使用；另一方面，微波炉、电烤箱和蒸锅用于处理医疗垃圾后，也不能再用来加热食物。

14. 口罩使用完毕应如何处理？

健康人群佩戴过的口罩，未接触过疑似或确诊患者且外观完好、无异味或脏污的口罩，回家后可放置于居室通风干燥处以备下次使用，没有新型冠状病毒传播的风险。口罩如果变形、被弄湿或弄脏会导致防护性能降低，则需要更换。需要丢弃的口罩，按照生活垃圾分类的要求处理。

疑似患者或确诊患者佩戴的口罩，不可随意丢弃，应视作医疗废弃物，严格按照医疗废弃物有关流程处理。

15. 洗手在预防呼吸道病毒传播方面有何积极作用？

呼吸道病毒感染通过接触传播是常见的途径之一。新型冠状病毒感染的肺炎疑似病例、确诊病例、无症状感染者这三类传染源咳嗽和打喷嚏的飞沫、痰液、鼻腔分泌物等都含有大量病毒，这些飞沫、痰液、鼻腔分泌物等污染了物品表面（如门把手、桌面）后，其他人接触被污染的物品而污染手，污染的手再接触口腔、鼻腔、眼睛等黏膜，就可能导致接触感染。儿童、老人等抵抗力弱的人群，容易通过这种方式感染，正确洗手可避免接触传播。

16. 什么情况下需要洗手?

以下几种情况下要洗手:咳嗽、打喷嚏后;想要触摸口、鼻、眼之前;护理患者后;准备食物前、中、后;用餐前;上厕所后;接触动物或处理动物粪便后。在新型冠状病毒流行时期,外出回家后特别是外出期间曾乘坐公共交通工具、到过公共场所,一定要洗手。

17. 如何正确洗手?

七步洗手法,可归纳为7个字:内、外、夹、弓、大、立、腕。具体要求如下。

第一步(内):洗手掌 流水湿润双手,涂抹洗手液(或肥皂),掌心相对,手指并拢相互揉搓。

第二步(外):洗背侧指缝 手心对手背沿指缝相互揉搓,双手交换进行。

第三步(夹):洗掌侧指缝 掌心相对,双手交叉沿指缝相互揉搓。

第四步(弓):洗指背 弯曲各手指关节,半握拳把指背放在另一手掌心旋转揉搓,双手交换进行。

第五步(大):洗拇指 一手握另一手大拇指旋转揉搓,双手交换进行。

第六步(立):洗指尖 弯曲各手指关节,把指尖合拢在另一手掌心旋转揉搓,双手交换进行。

第七步（腕）：洗手腕、手臂　揉搓手腕、手臂，双手交换进行。

18. 旅途中，不方便洗手时，应如何进行手卫生处理?

可以使用含酒精消毒产品清洁双手。冠状病毒不耐酸碱，并且对有机溶剂和消毒剂敏感，75% 乙醇可灭活病毒，所以达到一定浓度的含酒精消毒产品（如消毒湿纸巾或免洗洗手液）可以作为肥皂和流水洗手的替代方案。

19. 应如何做好家庭日常防护?

（1）避免去疾病正在流行的地区。

（2）减少到人员密集的公共场所活动，尤其是空气流动性差的地方，例如公共浴池、温泉、影院、网吧、KTV、商场、车站、机场、码头、展览馆等。

（3）不要接触、购买和食用野生动物，尽量避免前往售卖活体动物（禽类、海产品等）的市场，禽、肉、蛋要充分煮熟后食用。

（4）居室保持清洁，勤开窗，经常通风。

（5）随时保持手卫生。减少接触公共场所的公用物品和部位；从公共场所返回、咳嗽手捂之后、饭前便后，用洗手液或肥皂流水洗手，或者使用含酒精成分的免洗洗手液；不确定手是否清洁时，避免用手接触口、鼻、眼；打喷嚏或咳嗽时，用纸巾等遮住口、鼻。

（6）外出佩戴口罩。

（7）保持良好卫生和健康习惯，家庭成员不共用毛巾，保持家居、餐具清洁，勤晒衣被。不随地吐痰，口鼻分泌物用纸巾包好，弃置于有盖垃圾桶内。注意营养，适度运动。

（8）主动做好个人与家庭成员的健康监测，自觉发热时要主动测量体温。家中有小孩的，要早晚摸小孩的额头，如有发热要为其测量体温。

（9）准备常用物品。家庭备置体温计、医用外科口罩、家庭用的消毒用品等。

20. 饮食上有什么需要注意的?

饮食宜清淡，注意营养搭配，肉、菜、蛋、奶等合理搭配才能有助于保持健康。少食膏粱厚味之品（易化生积热），在日常生活中，对预防流感也有帮助。

21. 外出时的衣服需要换洗和消毒吗? 如何消毒?

通常只要不接触高危人员，比如确诊患者、密切接触者、隔离病房的工作人员等，外出时的衣物正常换洗即可；也可使用酒精等消毒用品对外套、鞋子进行喷洒消毒，喷洒消毒时最好在通风处（室外、阳台等）进行，消毒后的外套、鞋子放置在通风处即可。

22. 是否需要给钥匙、手机、钱包等随身物品消毒？

新型冠状病毒可通过接触传播，钥匙、手机、钱包等随身携带物品，因使用频率高，可能会成为传播媒介，所以建议大家养成良好的卫生习惯，保持个人随身物品的卫生。钥匙、手机、钱包等随身物品可在使用完毕后或者每日定时用消毒湿巾、免洗手消毒液等进行消毒。

23. 拿到外卖或快递，需要消毒吗？

目前，各地要求外卖或快递投送人员不得进入小区，而且各小区门口都有工作人员管控，很大程度上避免了人员接触引起的病毒传播。我们需要注意的是，出门取外卖或快递时要戴好口罩，为降低感染风险，收到外卖或快递后，可以用酒精擦拭消毒外包装。

24. 空气加湿器里可以加入消毒液使用吗？

不可以。大多数的消毒液有比较强的刺激性气味和腐蚀性，经过加湿器后产生的气雾，会对人体的呼吸道产生损伤，得不偿失。在家中，推荐使用开窗通风、保持室内清洁等方法达到改善室内空气质量的目的。

25. 普通家庭如何做好居家消毒？

在疾病流行期间，外出回家后，应及时用洗手液和流水洗手，或用碘伏、含氯消毒剂和过氧化氢消毒剂等进行手消毒。桌椅等物体表面每天做好清洁，并定期消毒；有客人（身体健康状况不明）来访后，及时对室内相关物体表面进行消毒，可选择二氧化氯等含氯消毒剂或消毒湿巾擦拭消毒。室内做好通风换气，自然通风或机械通风。冬天开窗通风时，需注意避免室内外温差大而引起感冒。

26. 家中出现新型冠状病毒感染的患者时，该采取何种消毒措施？

患者离开后（如住院、死亡、解除隔离等），应进行终末消毒。终末消毒的对象包括住室地面、墙壁、桌椅等家具台面、门把手、患者餐饮具、衣服和被褥等生活用品、玩具、卫生间等。终末消毒一般由专业人员完成，具体可联系当地疾病预防控制中心。其他家庭成员为密切接触者，应接受 14 天医学观察。

27. 对于患者或疑似患者接触过的物体表面应该如何消毒？

用 75% 乙醇溶液进行物体表面的喷洒或者 500 mg/L 及以上浓度的含氯消毒剂进行擦拭消毒，消毒后自然晾干。

28. 天气寒冷时，室内应如何通风？

天气寒冷时，家里门窗长时间关闭，加之人员的活动、烹饪等行为，均会导致室内环境污染程度不断加重。因此，建议根据室内外环境状况适当进行开窗通风换气。户外空气质量较好时，早、中、晚均可通风，每次时间在 15~30 分钟；户外空气质量较差时，通风换气频率和时间应适当减少。

29. 公众日常如何做好健康监测与就医？

（1）主动做好个人与家庭成员的健康监测，自觉发热时要主动测量体温。家中有小孩的，要早晚摸小孩的额头，如有发热要每日为其测量体温。

（2）若出现可疑症状，应主动戴上口罩及时就近就医。若出现新型冠状病毒感染可疑症状（包括发热、咳嗽、咽痛、胸闷、呼吸困难、轻度纳差、乏力、精神稍差、恶心呕吐、腹泻、头痛、心慌、结膜炎、轻度四肢或腰背部肌肉酸痛等），应根据病情，及时到医疗机构就诊。尽量避免乘坐地铁、公共汽车等交通工具，避免前往人员密集的场所。就诊时应主动告诉医生自己的相关疾病流行地区的旅行居住史，以及发病后接触过什么人，配合医生开展相关调查。

30. 儿童、老人、孕妇等特殊人群如何做好防护？

儿童、老人、孕妇等特殊人群免疫力相对较低，疫情期间，要减少外出，重点关注，做好防护。

儿童自我防护意识较差，家长应提醒与监督孩子做好日常防护，每天监测孩子体温。

老人多存在慢性基础疾病，若因其他疾病出现不适症状，若情况不紧急，建议先由家人协助线上就医，若必须前往医院则必须做好防护。

孕妇产前检查时，一定要做好防护措施，若无任何不适需常规产检者建议暂缓产检。当孕妇要入院或因其他疾病需要就医时，孕妇及陪同者一定要佩戴口罩、注意手卫生，避免出现交叉感染，请尽量减少陪同人员，也尽量不要乘坐公共交通工具前往医院，以免感染。

31. 孕妇居家应如何防护？

疫情期间，孕妇居家首先要做好自我健康监测，有任何不适要及时跟产科医生取得联系；保持室内空气清新，每天开窗换气，开窗时注意防寒保暖；保持手卫生，勤洗手；同时保持营养均衡和乐观的心态。

32. 婴幼儿应如何防护？

新型冠状病毒感染的肺炎疫情发生以来，尽管婴幼儿感染的病例数不多，但在疫情期间，也应尽量减少婴幼儿外出，如果必须出门，一定要正确佩戴口罩。生活中，婴幼儿往往需要家长的协助，所以家长也要做好自我防护，尤其注意勤洗手，以免产生接触感染；同时，要关注婴幼儿的防寒保暖，给他们提供均衡营养的饮食。

33. 慢性病患者应如何防护？

慢性病患者多数因某一系统或者某一器官功能受到损伤，

从而产生慢性的、需要长期服药来维持健康的疾病。这类患者往往年龄较大，自身免疫功能相对较弱，是新型冠状病毒感染的肺炎的高危人群，所以这部分人更应做好防护。要尽量少出门；饮食均衡，最好延续平时的饮食习惯，切忌过度补充营养；要保持乐观心态；基础疾病用药不要随便停掉，也不要随意减量。

34. 有疾病流行地区旅行史或居住史的人员回到居住地后应该怎么办？

（1）尽快到所在村委会或社区进行登记，避免外出活动，尤其是避免到人员密集的公共场所活动。

（2）从离开疾病流行地区的时间开始，连续14天进行自我健康状况监测，每天2次。条件允许时，尽量单独居住或居住在通风良好的单人房间，并尽量减少与家人密切接触。

（3）若出现新型冠状病毒感染可疑症状（包括发热、咳嗽、咽痛、胸闷、呼吸困难、轻度纳差、乏力、精神稍差、恶心呕吐、腹泻、头痛、心慌、结膜炎、轻度四肢或腰背部肌肉酸痛等），应根据病情，及时到医疗机构就诊。

35. 公众出行期间应如何做好自我防护？

（1）戴口罩。在途中每个人都要做好防护措施，去人员密集的地方一定要正确佩戴口罩。

（2）戴手套。由于新型冠状病毒可以通过接触传播，建议大家除了佩戴口罩之外，还要佩戴手套。一次性手套不可重复使用，其他可重复使用手套需清洗消毒，可流通蒸汽或煮沸消毒 30 分钟，或先用 500 mg/L 的含氯消毒液浸泡 30 分钟，然后常规清洗。

（3）重视手卫生。在旅程中和旅程结束后都需要注意手卫生，最好是用肥皂或者洗手液在流动水下洗手，尤其是有肉眼可见污染物时；注意手的消毒，不方便的情况下可选用有效的含醇速干手消毒剂，特殊条件下，也可使用含氯或过氧化氢手消毒剂。

（4）保持距离。尽量减少乘坐公共交通工具，如果出行人员只能乘坐公共交通工具，相互之间尽量保持一定的距离。

（5）饮食卫生。途中如需进餐，应该先清洁双手，饮食时需要摘口罩，因此建议大家轮流进餐，要保证进餐环境的空气质量。

36. 公务外出有哪些注意事项?

（1）公务外出须佩戴口罩，并带好足量口罩、一次性医用手套、免洗手消毒液和 75% 乙醇喷雾，以做好日常的手卫生。同时需要了解当地的疫情状况和交通管制状况，以避免增大感染风险。

（2）进入办公场所前，要佩戴好口罩，配合工作人员测量体温，并介绍有无湖北接触史及发热、咳嗽等症状；进入办公区域后应保持适当距离，尽量做到无接触交流。

37. 疑似新型冠状病毒感染且症状轻微者是否可以居家隔离?

世界卫生组织(WHO)建议:因治疗能力和医疗资源不足时,症状温和(低烧、咳嗽、鼻涕、无征兆的咽痛)且没有基础疾病(如肺病、心脏疾病、肾功能衰竭、免疫性疾病)的患者,可考虑家中隔离。(注意:决定是否进行家中隔离,需要谨慎的临床判断,并且需要评估患者家里的安全性。)

38. 疑似新型冠状病毒感染者如何进行居家隔离?

(1)将疑似患者安置在通风良好的单人房间。

(2)限制疑似患者看护人数,理想状况是安排一位身体健康状况良好且没有慢性疾病的人进行护理。拒绝一切探访。

(3)家庭成员应住在不同房间,如条件不允许,和疑似患者至少保持1米距离。限制疑似患者活动,最小化疑似患者和家庭成员活动共享区域。确保共享区域(厨房、浴室等)通风良好。

(4)看护人员与疑似患者共处一室戴好口罩,口罩紧贴面部,佩戴过程禁止触碰和调整。口罩因分泌物变湿、变脏,必须立即更换。摘下及丢弃口罩之后,清洗双手。

(5)与疑似患者有任何直接接触或进入疑似患者隔离空间后,以及准备家庭食物时应进行双手清洁。如果双手有肉眼可见的污物,可使用肥皂和清水清洗。如果双手有肉眼不可见的污染，则使用医用酒精液清洁，且最好使用一次性擦手纸擦拭。

（6）所有人呼吸道卫生应时刻保持好，特别是疑似患者。呼吸道卫生指的是咳嗽、打喷嚏时，需要佩戴口罩，或者用纸巾及弯曲的手肘掩护，咳嗽和打喷嚏后立即进行双手清洁。

（7）避免直接接触人体分泌物，特别是口部或呼吸道分泌物，以及避免直接接触粪便。

（8）避免和疑似患者或在隔离空间与被疑似患者污染的物品接触，如避免共用牙刷、香烟、餐具、饭菜、饮料、毛巾、浴巾、床单等。餐具用洗涤剂和清水清洗。

（9）使用稀释消毒剂（如稀释次氯酸钠溶液）每天对频繁触碰的物品，如床头柜、床架及其他卧室家具进行消毒。每天至少对浴室和厕所表面消毒一次。

（10）使用普通洗衣皂和清水清洗疑似患者衣物、床单、浴巾、毛巾等，或者用洗衣机以60℃~90℃的热水和普通家用洗衣液清洗，然后完全干燥上述物品。将污染的床品放入洗衣袋，不要甩动污染衣物，避免它们直接接触皮肤和自己的衣服。

（11）戴好一次性手套和保护性衣物（如围裙、套袖）再去清洁和触碰被人体分泌物污染的物体表面、衣物或床品。戴手套前、脱手套后要进行双手清洁。

（12）隔离期间若出现可疑症状，包括发热、咳嗽、咽痛、胸闷、呼吸困难、轻度纳差、乏力、精神稍差、恶心呕吐、腹泻、头痛、心慌、结膜炎、轻度四肢或腰背部肌肉酸痛等，应立即就医。

39. 居家隔离期间，饮食上如何调理以增强免疫力？

（1）除了避免食用野味之外，切割生食和熟食所用刀具、案板要固定且分开使用。

（2）每天保证高蛋白类食物摄入，包括鱼、肉、蛋、奶、豆类和坚果，在平时的基础上加量；肉类和蛋类要高温煮熟后再食用。

（3）每天吃新鲜蔬菜和水果，在平时的基础上加量；适量多饮水，每天不少于 1 500 mL。

（4）食物种类、来源及色彩丰富多样；不要偏食，荤素搭配。

（5）保证充足营养，在平时饮食的基础上加量，既要吃饱又要吃好。

（6）饮食不足、老人及慢性消耗性基础疾病患者，建议增加商业化肠内营养剂（特医食品），每天额外补充热量不少于 500 千卡（1 千卡 =4.184 千焦）。

（7）疫情期间，不要节食，不要减重。

（8）疫情期间，适量补充复方维生素、矿物质及深海鱼油等保健食品。

40. 疫情期间，公众如何科学运动？

疫情期间，必要的运动是很有必要的。运动地点以室内为主，并且要保持室内空气流通，可以用空调等设备维持室内温度；运动时应选择厚薄合适的衣服；运动方式可以选择瑜伽垫上运动、八段锦、简单肢体运动等能做到全身运动的方式，避免蹦跳等运动方式；运动量不宜过大，运动时间一般建议每次 15 分钟左右，一天 2~3 次，也可因人而异，需要避免出汗较多或心率变化较大情况；基础疾病患者可以适当减少运动量，如有任何不适，立即停止相关活动，必要时，及时就医。

41. 居家隔离期间，如何进行日常消毒？

（1）环境消毒：用含氯消毒液（如 84 消毒液）每天至少对房间消毒 1 次。使用消毒液应稀释配比，配置方法可参考产品说明书。

（2）用品消毒：戴手套和口罩，每天至少对高频接触的物体表面，如柜台、桌面、门把手、坐便器、手机、键盘等消毒 1 次。

（3）餐具消毒：煮沸 15 分钟或用含氯消毒液浸泡 30 分钟，后用清水漂洗干净。

（4）衣物消毒：毛巾、衣物、被罩等，建议用含氯消毒剂浸泡 1 小时，或煮沸 15 分钟消毒。

（5）垃圾等污染物品（如用过的口罩、纸巾等）消毒：隔离者产生的垃圾丢入密闭的垃圾袋，并投至有害垃圾箱或指定垃圾箱内；处理污染物品时，应戴一次性手套，脱下手套后应立即洗手。

（6）卫生间消毒：使用公共卫生间和浴室的，使用后用含氯消毒液进行消毒，然后再让他人使用。

（7）皮肤消毒：皮肤被污染物污染时，应立即冲掉污染物，然后用棉签蘸取0.5%碘伏消毒液或含氯消毒液擦拭消毒3分钟，并用清水清洗干净。

42. 患者居家隔离观察期间，医护人员需要做哪些工作？

在患者居家隔离观察期间，医护人员需全程与患者保持联系。医护人员提供咨询和监控，可以通话联系，最理想的方式是有规律地每天面对面探访，若有需要可以进行专门的诊断检验。

43. 未出现新冠肺炎患者的社区，如何防控？

实施"外防输入"的策略，具体措施包括组织动员、健康教育、信息告知、疫区返回人员管理、环境卫生治理、物资准备等。

（1）组织动员：社区要建立新冠肺炎疫情防控工作组织体系，以街道（乡镇）和社区（村）干部、社区卫生服务中心和家庭医生为主，鼓励居民和志愿者参与，组成专兼职结合的工作队伍，实施网格化、地毯式管理，责任落实到人，对社区（村）、楼栋（自然村）、家庭进行全覆盖，落实防控措施。

（2）健康教育：充分利用多种手段，有针对性地开展新冠肺炎防控知识宣传，使群众充分了解健康知识，掌握防护要点，养成手卫生、多通风、保持清洁的良好习惯。

（3）信息告知：向公众发布就诊信息，出现呼吸道症状无发热者到社区卫生防护中心（乡镇卫生院）就诊，发热患者到发热门诊就诊，新型冠状病毒感染者到定点医院就诊。每日发布本地及本社区疫情信息，提示出行、旅行风险。

（4）疫区返回人员管理：从疫区返乡人员应立即到所在村委会或社区进行登记，并到本地卫生院或社区卫生服务中心进行体检，每天2次体检，同时主动自行隔离14天。所有疫区返乡的出现发热、呼吸道症状者，及时排查，根据要求居家隔离或到政府指定地点隔离；其密切接触者也应立即居家自我隔离或到当地指定地点隔离。隔离期间务必与本地医务人员或疾控中心保持联系，以便跟踪观察。

（5）环境卫生治理：社区要开展环境卫生整治，对居民小区、垃圾中转站、建筑工地等重点场所进行卫生清理，处理垃圾污物。

（6）物资准备：社区和家庭备置必需的防控物品和物资，如体温计、口罩、消毒用品等。

44. 小区出现新冠肺炎确诊患者，应如何做好自我防护?

目前，国家对新冠肺炎疫情的防控非常严格，无论小区是否有确诊患者，都会严格人员出入，并定期进行清洁消毒。患者被确诊以后，都会到定点医院接受隔离治疗，对于其密切接触者也会按照有关要求进行隔离的医学观察，另外确诊病例的家里以及小区的公共区域都将进行进一步清洁消毒，所以作为小区居民，大家无需过度恐慌，继续做好个人防护就可以了。比如：大家在院内公共区域（电梯、楼梯等）时都要戴上口罩；

大家要经常开窗通风，尽量做到每天通风两次，每次半小时；尽可能避免用手直接触摸楼梯的扶手、电梯的按钮以及小区的公共设施，不小心触摸之后一定不要去碰自己的眼睛和嘴巴。

45. 疑似新型冠状病毒感染者就医途中应该如何做？

（1）前往医院的路上，疑似患者应该佩戴医用外科口罩或N95型口罩（无呼气阀）。

（2）如果可以，应避免乘坐公共交通工具前往医院，路上打开车窗。

（3）时刻佩戴口罩和随时保持手卫生。在路上和医院里，尽可能远离其他人（至少1米）。

（4）若路途中污染了交通工具，建议使用含氯消毒剂或过氧乙酸消毒剂，对所有被呼吸道分泌物或体液污染的表面进行消毒。

46. 因其他疾病需就医时如何做好防护？

原则上尽可能少去或不去医院，若必须就医，尽可能选择符合需求的、门诊量较少的医院就诊。就诊前先在网上了解就诊医院布局，提前预约，就诊时尽量避开发热门诊和急诊区域，缩短就诊时间。就诊时，必须佩戴口罩，避免乘坐公共交通工具，时刻保持手卫生，避免用手接触口、鼻、眼。回家后，立即更换衣物，用流动水洗手。

47. 保持心态平和有哪些重要作用?

心理健康是身体健康的先决条件,疫情当前,保持心态平和十分有必要。过分焦虑和恐慌不仅会降低我们对突发事件的处理能力,亦会降低对疾病的抵抗力。良好的心态会让我们处理问题更周全细致,面对疫情更从容淡定,做好自我防护。

48. 公众如何科学应对疫情所带来的心理恐慌?

(1)不信谣,不传谣。大家应该通过官方渠道了解疫情相关信息,认准官方发布,不听信谣言,不传播谣言。

(2)不要过度焦虑,不要无限制地接收负面消息,理智面对困境,明确自己需要如何做好防护措施。

(3)不要过度恐慌,可以多和家人朋友交流,倾诉自己的紧张不安,相互安慰。

49. 在办公场所怎样预防新型冠状病毒感染?

(1)要勤开窗通风,每日通风3次,每次30分钟左右,保持空气流通。空调系统保持运转正常,加强清洁,尽量使用分开式空调,避免使用中央空调。

(2)定期消毒,特别是电梯间、卫生间及公众经常接触、使用的器具,如门把手、水龙头、公用电话等。

(3)及时清理垃圾,必要时对垃圾进行消毒处理。

(4)同事之间尽量采取通信设备交流,减少或避免召开集体会议。

50. 员工出现发热、咳嗽等症状还能继续上班吗？

发热、咳嗽是呼吸道感染性疾病的常见临床表现，而呼吸道感染性疾病都有一定的传染性。所以，无论是否患有新冠肺炎，当出现发热、咳嗽等症状时，都应佩戴好口罩，做好自我隔离，保护他人健康。

51. 在农贸市场时如何预防新型冠状病毒感染？

（1）在疫情防控期间，建议禁止买卖、宰杀活禽，严厉打击野生动物交易行为。

（2）建议经营场所增加清理、消毒频次，建立完善监管措施。

（3）进入农贸市场必须佩戴口罩，必要时进出后监测体温。

（4）避免接触生病的动物和流浪动物，避免接触垃圾、废水。

52. 在生鲜市场工作时如何预防新型冠状病毒感染？

（1）佩戴口罩，并张贴温馨提示，建议顾客佩戴口罩购买。

（2）进出后进行体温监测。

（3）对门店、物流车辆进行定期消毒。

（4）工作时穿戴防护服，下班后脱掉，每天清洗，存放在工作场所，不要带回家。

53. 用私家车接送学生上下学，应怎样做好防护？

（1）接送全程均需佩戴口罩。

（2）保持车内空气流通：最好采取自然通风方式，当处于地下车库时，建议采用空调内循环方式进行通风。开窗通风时，做好车内人员保暖工作，防止感冒。

（3）车辆内、外表面定时进行清洁保养，必要时使用化学消毒剂进行预防性消毒。

54. 用私家车接送学生上下学，应怎样对车辆消毒？

对车身内壁、方向盘、座椅、车门把手等可用含氯消毒液进行擦拭，消毒作用 30 分钟后用清水擦净，也可单独应用有效的消毒湿巾进行擦拭。建议每周 1~2 次，座椅套等纺织物应保持清洁，定期洗涤、消毒。

55. 用自行车（电动车）接送学生上下学，应怎样做好防护？

家长和学生出门前先洗手再正确佩戴口罩，务必全程佩戴口罩，注意保暖，避免受凉。下车后再次正确洗手。

56. 用自行车（电动车）接送学生上下学，应怎样对车辆消毒？

用含氯消毒液对接触较多的车把手、车座、车锁等分别进行喷洒消毒，再用抹布（已消毒）将喷洒的各区域表面仔细擦拭一遍。以上操作每天至少进行一次。

57. 乘坐公交车接送学生上下学，应怎样做好防护？

学生出门前先洗手再正确佩戴口罩。尽量不乘坐公共交通工具，建议步行、骑行或乘坐私家车上下学。如必须乘坐公共交通工具时，务必全程佩戴口罩，途中尽量避免触摸公共交通工具上的物品。

58. 开学后，学校应如何进行疫情防控？

（1）加强宣传教育。通过校内广播、课上宣讲、校报等多种形式进行新冠肺炎的预防知识宣教，让每位学生都认识到疫情的严峻性，切实在日常生活中养成良好的生活卫生习惯。

（2）完善学生健康监管制度。以班级为单位每日监测学生体温，一旦发现学生及教职工有发热、咳嗽、乏力等不适症状，及时送医。

（3）认真做好校园环境卫生工作。对教室、宿舍、学生餐厅等公共区域进行定期消毒，每日通风换气。

59. 开学后，校园应怎样做好消毒工作？

学校设置消毒管理专职人员，并准备足量、合规的防护用品。消毒人员负责本校预防性消毒工作，完成工作后进行记录和存档。

每天至少一次使用消毒液对校园内公共区域（含楼梯扶手、电梯按钮等）进行全面预防性消毒。幼儿园游戏区域、中小学校专用场室（如音乐室、舞蹈室、电脑室、室内体育馆等），要求每批学生进入之前，均应消毒一次。

发现疑似病例或确诊病例后，在有关部门指导下开展对疑似病例和密切接触者的环境、生活用品、排泄物、呕吐物、车辆等进行消毒。

60. 开学后，学生应如何预防新型冠状病毒感染？

（1）养成良好的卫生习惯，勤洗手，戴口罩。

（2）适当运动，均衡营养，按时作息，增强机体免疫力。

（3）不在餐厅聚集用餐，尽量带回或分散用餐。

（4）注意宿舍内卫生，每天开窗通风，对地面、桌子、床架等进行消毒，不共用洗漱用品。

61. 学校应如何保障学生就餐环境的安全卫生？

（1）学校是人员聚集性场所，学生餐厅是需要重点监控的公共场所，建议学校通过错时就餐等方式，降低餐厅人员密度。

（2）保持环境卫生。学校食堂内的公共接触物品（如水龙头、门把手、台面等）要及时清洗和消毒。可用浓度为 500 mg/L 的含氯消毒剂弄湿抹布后擦拭，这种消毒方式也适用于居家环境物体表面的消毒。

（3）保持食堂内空气流通，经常开窗通风换气。

（4）保持食物加工操作间清洁干燥，及时清理厨余垃圾。

（5）加强对食堂工作人员的卫生监督，加强对食品原材料的卫生监督。

62. 学生在校用餐，有哪些注意事项？

学生在校用餐前正确佩戴好口罩，不聚集，不扎堆，不嬉闹，有序前往食堂；排队打饭时相互间保持适当距离，如有条件，可错时用餐；餐前洗手，洗手后不可随意触摸其他不相关物品。

用餐时相互间尽量保持一定距离，少交流，专心吃饭，不交头接耳，餐具注意卫生，不可随地吐痰及倾倒杂物。

63. 学生在校期间出现发热、咳嗽等症状应该怎么办？

开学后，学校可建立学生健康日报制度。学生在校期间，出现发热、咳嗽症状，建议立即到发热门诊就诊，同时学校立即组织人员排查周边学生是否出现相似症状，必要时及时对密切接触者进行隔离。

64. 学生放学回家后，应怎样正确消毒和放置书包、衣物等？

（1）学生放学回家后，可在门外或者阳台处对外套、书包进行酒精喷雾消毒，之后将外套悬挂于阳台或者进门处；回家后及时洗手洗脸，有条件者可于洗手后用免洗手消毒液进行消毒。

（2）对衣物进行消毒的方法除了酒精喷雾法，还可选用物理消毒法。比如衣服只要耐高温，就可以选用56℃ 30 分钟这种方式；如果用烘干机，把温度调到 80℃以上，烘干 20 分钟也可以达到消毒效果。

65. 什么是中医药"未病先防"？生活中应如何做？

"未病先防"是中医"治未病"的主要思想之一，指在未病之时做好预防保护，养护自身正气。

（1）顺应自然规律。《素问·宝命全形论》言："人以天地之气生，四时之法成。"《灵枢·岁露论》说："人与天地相参也，与日月相应也。"人作为自然界的一部分，在日常生活中要顺应四时变化，遵循自然规律。

（2）注重调养精神。正所谓"恬淡虚无，真气从之，精神内守，病安从来"，日常生活中要舒畅情志，不要过度恐慌和紧张，保持心态平和。

（3）食饮有节。多吃新鲜蔬菜和水果，均衡饮食，营养搭配，不暴饮暴食。

（4）适度运动。选择适合自己的体育运动和强度，适度运动，以增强个人体质。

66. 如何使用中药进行调护？

本病属于中医疫病范畴，病因为感受疫戾之气，病位在肺。

结合发病季节为冬季，当属感受寒湿疫毒而发病，早期可以用藿香正气散，中期可以用藿朴夏苓汤。应当根据体质、年龄、基础疾病不同，感染戾气之轻重进行调理防护。因该病为寒湿之病邪，所以慎用苦寒药物，患者饮食要避免寒凉，食用温热饮食。除了服用中药，还可以用艾灸神阙、关元、气海、胃脘、足三里等，以温阳散寒除湿，调理脾胃，提高机体的免疫功能。

67. 生活起居上如何预防普通感冒和流感？

（1）虚邪贼风，避之有时。冬季风寒之邪当令，天气寒冷干燥，应注意保暖并适时增减衣物。减少外出次数及到人员密集场所逗留时间；外出戴口罩；做好个人卫生，勤洗手，勤更衣。

（2）食饮有节。饮食清淡，多喝水，多食用水果蔬菜及牛奶、鸡蛋、瘦肉等优质蛋白质，提高机体免疫力。

（3）起居有常。作息要有规律，早睡早起，早卧以顺应阳气之收敛，早起以使肺气得以舒展，且防收敛之太过；注意适当锻炼身体。

（4）精神内守。要做到心神安宁，情志舒畅，切忌悲忧伤感。"恐则气下，惊则气乱。"避免对流感产生恐惧之心，否则易导致气机逆乱或致气郁化热，产生毒热之邪或致卫气亏虚，外邪易乘虚而入。要相信科学，克服恐惧心理，保持平和心态，积极学习流感知识，提高对疾病的认识。

68. 中医药有哪些预防新冠肺炎的小处方？

（1）普通人群预防方：黄芪 10 g、炒白术 10 g、防风 6 g、太子参 12 g、麦冬 10 g、连翘 10 g、金银花 15 g、薏苡仁 12 g、茯苓 9 g、紫苏叶 6 g、炙甘草 3 g。

（2）孕妇预防方：白术 9 g、黄芩 6 g、紫苏叶 3 g、金银花 6 g、山药 18 g、陈皮 6 g。

（3）儿童预防方：金银花 6 g、蒲公英 3 g、生黄芪 6 g、陈皮 3 g、麦冬 6 g、炒牛蒡子 3 g、生甘草 1.5 g。

（4）老年人预防方：党参 10 g、茯苓 15 g、陈皮 9 g、炒白术 9 g、黄芪 12 g、防风 6 g、百合 6 g。

（5）糖尿病者预防方：金银花 12 g、沙参 10 g、麦冬 15 g、黄连 3 g、芦根 15 g、生薏苡仁 15 g。

（6）高血压者预防方：菊花 15 g、桑叶 9 g、钩藤 12 g、白芍 9 g、枸杞 10 g、茯苓 9 g。

（7）冠心病者预防方：党参 12 g、麦冬 9 g、五味子 3 g、丹参 9 g、金银花 12 g。

（8）慢性呼吸疾病者预防方：金银花 9 g、生黄芪 12 g、炒白术 12 g、陈皮 12 g、防风 9 g、生甘草 6 g。

（9）密切接触者及医务人员预防方：黄芪 10 g、党参 12 g、炒白术 10 g、防风 6 g、太子参 12 g、麦冬 10 g、连翘 10 g、金银花 15 g、紫苏叶 6 g、藿香 6 g、炙甘草 3 g。

69. 中药如何煎服？

（1）煎药用具尽量使用砂锅、搪瓷、玻璃、不锈钢具，忌用铁、铝、铜器。

（2）先将中药用冷水浸泡30分钟，加水量一般超过药面2~3厘米。

（3）（头煎）先用大火（武火）煮沸，再用小火（文火）保持沸腾15~20分钟左右，倒出。（二煎）再次加水，刚浸过药面即可。大火煮沸，再用小火（文火）保持沸腾15~20分钟左右，倒出。

（4）若有特殊用法的药物，注意药物的特殊用法，如先煎、后下、包煎、冲服等。

（5）每日一剂，煎二次（头煎、二煎），两次煎出液混合后分成四份，昼三夜一，分服。重症者根据病情，不必拘泥，顿服或时时服之。

70. 服用中药有哪些注意事项？

（1）应在医师的指导下服用。

（2）服用期间忌生冷、辛辣、牛羊肉及海鲜发物等；有不适感觉者，应立即停止服药并及时咨询医师。

（3）对过敏药物要禁用，过敏体质慎用。

（4）儿童根据年龄酌情增减。

（5）服药困难者，可以酌情加用糖或蜂蜜调味。

71. 医务人员如何做好自我防护？

（1）工作时应正确穿戴隔离衣和口罩，必要时穿戴防护服、护目镜、手套等防护用品。

（2）向没有佩戴口罩的患者发放口罩，并指导其正确佩戴。

（3）接触患者前后要进行手部消毒。

（4）疑似患者及时上报。

（5）上班前、下班后监测体温。

（6）离开工作区域，要及时脱下隔离衣，定期清洗，不带出工作区域；口罩统一地点处理。

72. 医务人员如何做好医院感染防控工作？

医务人员应按照标准预防原则，根据医疗操作可能传播的风险，做好个人防护、手卫生、病室管理、环境消毒和废弃物管理等医院感染防控工作，避免医院感染发生。预检分诊处工作人员穿工作服，戴工作帽、医用外科口罩等。门诊、急诊、发热门诊和隔离病房工作人员日常接诊和查房时，穿工作服，戴工作帽、医用外科口罩等；接触血液、体液、分泌物或排泄物时，加戴乳胶手套；气管插管、气道护理和吸痰可能发生气溶胶或喷溅操作时，戴 N95 型口罩、面屏、乳胶手套，穿防渗透隔离衣，必要时穿防护服和佩戴呼吸头罩。对隔离收治的患者，应严格执行探视制度，如确需探视，按有关规定指导探视人员进行个人防护。

73. 发热门诊医务人员为什么必须穿防护服接诊？

发热门诊医务人员有很大可能接诊感染新型冠状病毒的患者，接诊时必须穿防护服。

74. 按规定医疗机构相关科室应配备哪些个人防护用品？

按规定医疗机构相关科室必须配备外科口罩、医用防护口罩、乳胶检查手套、速干手消毒剂、护目镜、防护面罩、隔离衣、防护服等个人防护用品。不同科室危险程度不同，防护措施不同，可参考相关指南及医院预防方案进行调整。

75. 板蓝根可以预防新型冠状病毒感染吗？

板蓝根性寒凉，为苦寒之品，具有清热解毒、凉血利咽的功效，可用于热性疾病的治疗。中医认为此次疫情辨证可分为寒湿郁肺、疫毒闭肺、内闭外脱、肺脾气虚等证型，因此，板蓝根并非适用于所有证型，对冠状病毒的疗效也缺乏临床证据。且中医治疗疾病，多以复方为主，辨证论治，以一方一药治疗一种疾病并非中医学之主流。因此不建议大家盲目跟风囤积板蓝根等药物。

76. 熏醋可以预防新型冠状病毒感染吗？

醋是一种弱酸，具有一定氧化性，能够起到一定消毒作用，但氧化性很弱，稀释到空气中浓度更低，对预防新型冠状病毒感染的作用有限。熏醋产生的刺鼻气味可能诱发一系列呼吸道过敏反应。

77. 服用维生素 C 可以预防新型冠状病毒感染吗?

维生素 C 是人体内重要的营养物质之一,具有抗氧化作用。很多蔬菜、水果内含有大量维生素 C,建议多吃蔬菜、水果等,增强体质,提高抵抗力。但维生素 C 对于冠状病毒的预防尚缺乏有力证据。

78. 服用连花清瘟颗粒可以预防新型冠状病毒感染吗?

连花清瘟颗粒是 2003 年抗击"非典"期间研发的中成药制剂,其主要成分为连翘、金银花、麻黄(炙)、苦杏仁(炒)、石膏、板蓝根等中药,对 SARS 病毒具有一定的预防和治疗作用。根据《新型冠状病毒感染的肺炎诊疗方案(试行第五版)》,连花清瘟颗粒为医学观察期推荐使用的中成药,因此,对于乏力伴低热人员可以使用连花清瘟颗粒进行预防。如有发热、干咳、乏力等情况建议及时到定点医院就医。

79. 吃大蒜能预防新型冠状病毒感染吗?

大蒜素的确具有杀菌作用,可以杀灭多种病菌及病原虫。但是过量食用大蒜会妨碍人体对 B 族维生素的吸收。对患有重病及正在服药的人来说,过量食用大蒜可能引起疾病的加重。目前还没有证据表明大蒜素能够杀灭人体细胞内的病毒,所以大蒜是否能够预防新型冠状病毒感染尚待研究。

80. 接种了流感疫苗就不容易被新型冠状病毒感染吗？

流感疫苗主要是预防和控制流感的，对新型冠状病毒感染无预防作用。

81. 用 56℃的热水洗澡能抗新型冠状病毒吗？

洗热水澡可以清洁皮肤表面细菌，值得提倡，并且应勤洗澡。但是，人体具有一套体温调节装置，洗热水澡无法提高体内温度，不能对抗病毒，反而会因为温度过高（56℃人体不能耐受）而烫伤皮肤。

82. 熏艾可以预防新型冠状病毒感染吗？

艾灸是祖国医学的传统疗法，此次肺炎中医病因为感受疫疠之气，在针灸科或中医科专科医师指导下，艾灸特定穴位，可起到芳香辟秽、温通经络的作用。有专家表示，使用药用艾条悬灸足三里、大椎，每次 15~30 分钟，每日 1 次，连续 3~7 天，可起到预防作用。艾灸治疗不建议在家使用，通风不畅容易引起呼吸道过敏反应，操作不当容易引起火灾。

83. 紫外线消毒灯能杀灭新型冠状病毒吗？

《新型冠状病毒感染的肺炎诊疗方案（试行第五版）》指出：

"病毒对紫外线和热敏感，56℃ 30 分钟、乙醚、75% 乙醇、含氯消毒剂、过氧乙酸和氯仿等脂溶剂均可有效灭活病毒。"因此，冠状病毒对紫外线敏感。紫外线消毒灯要严格按照说明书的要求使用。人和宠物都要离开正在消毒的房间，以免对皮肤和眼睛造成损伤。

84. 用电吹风对着手和面部吹可以达到消毒效果吗？

杀死新型冠状病毒至少需要 56℃ 30 分钟。电吹风的温度即使能达到 56℃甚至更高，但对着手和面部持续吹 30 分钟，容易造成烫伤等伤害。

85. 洗桑拿可以预防新型冠状病毒感染吗？

杀死新型冠状病毒至少需要 56℃ 30 分钟。桑拿房内温度的确较高，但人体的体温是相对恒定的，因此洗桑拿无法预防病毒感染。桑拿房间密闭、通风差、人多，反而会增加疾病传播的概率。

86. 吃乳铁蛋白能预防新型冠状病毒感染吗？

乳铁蛋白是哺乳动物乳汁中天然存在的一种蛋白质，目前没有证据表明它可以提高免疫力，也没有证据表明它可以预防新型冠状病毒感染。

87. 全身喷酒精能预防新型冠状病毒感染吗?

新型冠状病毒对外界抵抗力不强,75% 乙醇就可以杀死病毒,但喷酒精的方式主要用于被污染物体的消毒,也用于手消毒。勤洗手,是一个重要的预防新型冠状病毒感染的方法。

06
陆

传染病相关知识

1. 什么是传染病？

传染病是由各种病原体引起的能在人与人、动物与动物或人与动物之间相互传播的一类疾病。病原体中大部分是微生物，小部分为寄生虫，寄生虫引起者又称寄生虫病。有些传染病，防疫部门必须及时掌握其发病情况，及时采取对策，因此发现后应按规定时间及时向当地防疫部门报告。中国目前的法定传染病有甲、乙、丙3类。

2. 我国甲类传染病有哪些？

甲类传染病包括：霍乱、鼠疫。

3. 我国乙类传染病有哪些？

乙类传染病包括：新型冠状病毒感染的肺炎、传染性非典型肺炎、艾滋病、病毒性肝炎、脊髓灰质炎、人感染高致病性禽流感、麻疹、流行性出血热、狂犬病、流行性乙型脑炎、登革热、炭疽、细菌性和阿米巴性痢疾、肺结核、伤寒和副伤寒、流行性脑脊髓膜炎、百日咳、白喉、新生儿破伤风、猩红热、布鲁氏菌病、淋病、梅毒、钩端螺旋体病、血吸虫病、疟疾、人感染 H7N9 禽流感。

4. 我国丙类传染病有哪些？

丙类传染病包括：流行性感冒、流行性腮腺炎、风疹、急性出血性结膜炎、麻风病、流行性和地方性斑疹伤寒、黑热病、包虫病、丝虫病，除霍乱、细菌性和阿米巴性痢疾、伤寒和副伤寒以外的感染性腹泻病、手足口病。

5. 乙类传染病甲类管理的管理措施是什么？

管理措施包括对患者、病原携带者予以隔离治疗，对疑似病例确诊前单独隔离治疗，对密切接触者在指定范围内进行医学观察，对不服从者采取强制隔离措施，因病死亡者就近火化，可实施交通卫生检疫等。新型冠状病毒感染的肺炎已被正式纳入乙类传染病甲类管理，乙类传染病甲类管理的疾病目前还有传染性非典型肺炎、炭疽中的肺炭疽、人感染高致病性禽流感。

6. 为什么新冠肺炎纳入法定乙类传染病，按甲类管理？

新冠肺炎暂且还没有严重到甲类传染病的水平，但公共卫生风险较大，需每个人保持足够的警惕，做好防护。

升级为甲类传染病管理后，上报和公布速度会更快，既方便医疗人员对疾病的防控，也方便大众了解最新情况，及时应对。

7. 传染病有什么特征？

（1）传染性。传染性是传染病与其他类别疾病的主要区别，意味着病原体能够通过各种途径传染给他人。传染病患者有传染性的时期称为传染期。病原体从宿主排出体外，通过一定方式到达新的易感染者体内，呈现出一定传染性，其传染强度与病原体种类、数量、毒力、易感人群的免疫状态等有关。

（2）流行性。按传染病流行病过程的强度和广度分为4种类型。① 散发：传染病在人群中散在发生；② 流行：某一地区或某一单位，在某一时期内，某种传染病的发病率超过了历年同期的发病水平；③ 大流行：某种传染病在一个短时期内迅速传播、蔓延，超过了一般的流行强度；④ 暴发：某一局部地区或单位，在短期内突然出现众多的同一种疾病的患者。

（3）地方性。某些传染病或寄生虫病，因其中间宿主受地理条件、气温条件变化的影响，常局限于一定的地理范围内发生。如虫媒传染病、自然疫源性疾病。

（4）季节性。传染病的发病率，在年度内有季节性升高现象。此与温度、湿度的改变有关。

8. 什么是法定传染病？

法定传染病是指疾病控制机构必须及时掌握其发病情况，采取对策，发现后相关责任人和机构必须按规定及时向当地疾病控制部门报告的传染病。

9. 什么是检疫传染病？

检疫传染病是指传染性强、病死率高的传染病，如鼠疫、霍乱、黄热病等，需对口岸、各类关口、运输环节等进行管控，达到控制疾病通过人、动物及物品等传播的目的。此次新型冠状病毒感染的肺炎纳入检疫传染病管理。

10. 传染病的防治方针和原则分别是什么？

国家对传染病防治实行预防为主的方针，防治结合、分类管理、依靠科学、依靠群众的原则。

11. 控制传染病蔓延的主要原则是什么？

控制传染源，切断传播途径，保护易感人群。

12. 我国法定传染病报告时限是怎样规定的？

责任报告单位和责任疫情报告人发现甲类传染病和乙类传染病中按甲类管理的病人或疑似病人时，或发现其他传染病和不明原因疾病暴发时，应于 2 小时内将传染病报告卡通过网络报告；未实行网络直报的责任报告单位应于 2 小时内以最快的通信方式（电话、传真）向当地县级疾病预防控制机构报告，并于 2 小时内寄送出传染病报告卡。对其他乙、丙类传染病病人、疑似病人和规定报告的传染病病原携带者在诊断后，实行网络直报的责任报告单位应于 24 小时内进行网络报告；未实行网络直报的责任报告单位应于 24 小时内寄送出传染病报告卡。

13. 传染病疫情早期，医疗机构和卫生行政部门可以采取哪些防疫措施？

（1）早发现、早诊断、早隔离　健全初级保健工作，提高医务人员的业务水平和责任感，普及群众的卫生常识是早期发现患者的关键。

（2）传染病报告　疫情报告是疫情管理的基础，也是国家的法定制度。

14.《中华人民共和国传染病防治法》的立法目的和意义是什么?

《中华人民共和国传染病防治法》第一条即提出：为了预防、控制和消除传染病的发生与流行，保障人体健康和公共卫生，制定本法。此即为该法的立法目的和意义。

07 柒

其他几种主要传染病的治疗和防控

1. 什么是流行性乙型脑炎?

流行性乙型脑炎简称乙脑,又称日本脑炎,是由乙脑病毒引起的一种蚊虫传播的急性中枢神经系统传染病。

早在1871年,日本学者就注意到该病;1935年首次从死亡患者的脑组织和蚊体中分离出病原,确定为乙脑病毒,同时又证实了蚊虫是该病的传播媒介。人被带毒蚊叮咬后,大多呈隐性感染,只有少数人发病引起脑炎。乙脑临床上以高热、呕吐、嗜睡、抽搐、意识障碍、呼吸衰竭等中枢神经系统感染症状为特征。

2. 流行性乙型脑炎在我国的发病率是怎样的?

我国是乙脑发病最多的国家之一,在1921年就有该病的记载。迄今除新疆、西藏外,其他省(市、区)均有乙脑的流行和病例报道。

在乙脑疫苗使用前,乙脑发病率一直处于较高水平。20世纪70年代乙脑灭活疫苗在我国大规模使用,20世纪80年代后期经过大量研究和实验研制成了乙脑减毒活疫苗并大规模投入使用。此后,全国乙脑报告病率呈明显下降趋势。

目前该病发病率虽然有波动,局部地区还有流行,但总体呈明显下降趋势,流行形式仍以散发为主。

3. 如何治疗流行性乙型脑炎？

（1）一般治疗：患者应住院隔离治疗，室内有防蚊设备。注意给患者补给营养及水。

（2）对症治疗：高热的处理：应以物理降温为主，可用30%~50%的乙醇擦浴，躯干体表用冰袋、头部用冰帽持续降温。惊厥或抽搐的处理：首先分析产生抽搐的原因，再采用相应的措施，同时也可适当使用一些镇静剂和止痉剂。呼吸衰竭的处理：保持呼吸道通畅，对昏迷患者可采取经口或鼻腔吸痰及呼吸道分泌物，定时翻身、侧卧、拍打胸背（自下而上，先胸后背），或行体位引流，有助于改善通气功能。

（3）抗病毒治疗：在疾病早期可酌情应用广谱抗病毒药物疗法治疗，如利巴韦林或双嘧达莫等，退热明显，有较好的疗效。

（4）中医中药治疗：我国在乙型脑炎的治疗中，采取中医中药辨证施治取得了较好的疗效。其治疗原则为清暑、祛湿、解毒、养阴。根据不同的病期而有所侧重，初热期以清暑解毒为主，配以解表、泄热、化浊；邪入营血后以清营凉血为主；动风惊厥则镇惊息风；恢复期以养阴为主，同时配合针灸治疗以加速恢复健康。不建议患者自行处方用药。

4. 如何做好流行性乙型脑炎的防控工作？

（1）控制传染源。该病的传染源主要是家畜、家禽，尤其是猪为乙脑病毒的重要传播中间宿主，因此预防的重点应放在家畜动物特别是猪的管理和疫苗接种上，做好饲养场尤其是猪场的环境卫生。

（2）切断传播途径。防蚊灭蚊，控制蚊虫叮咬是切断乙脑传播的主要途径。

（3）提高人群免疫力。加强常规免疫接种工作。主动免疫，主要指应用乙脑疫苗进行预防接种，这是保护易感人群的一项有效措施。

（4）加强监测工作。及时发现并关注高发人群新特点，采取相应措施；重点地区开展应急接种或查漏补种工作，特别是乙脑高发地区的成人补种乙脑疫苗，也是保护易感人群的举措。

（5）加强体育锻炼和健康宣教工作。坚持身体锻炼，提高全民卫生意识和参与爱国卫生运动的积极性，加强大众防范意识，有任何不适及时就诊。

5. 传染性非典型肺炎的临床表现是什么？

传染性非典型肺炎（SARS）临床上以发热、乏力、头痛、肌肉关节酸痛等全身症状和干咳、胸闷、呼吸困难等呼吸道症状为主要表现，部分病例可有腹泻等消化道症状，胸部X线检查可见肺部炎性浸润影，实验室检查外周血白细胞总数不高或降低、抗菌药物治疗无效是其重要特征。重症病例表现明显的呼吸困难，并可迅速发展成为急性呼吸窘迫综合征。

6. 传染性非典型肺炎的主要传播途径是什么？

传染性非典型肺炎（SARS）近距离呼吸道飞沫传播是传播的主要方式，气溶胶传播是经空气传播的另一种方式，通过手接触传播是另一种重要的传播途径。

7. 传染性非典型肺炎的病因病机是什么？

传染性非典型肺炎（SARS）符合《素问·刺法论》"五疫之至，皆相染易，无问大小，病状相似"的论述，属于中医学瘟疫、热病的范畴。其病因属疫毒之邪，由口鼻而入，以发热为首发症状，伴极度乏力、干咳、呼吸困难。起病急，病情重，传变快，主要病位在肺，亦可累及其他脏腑。其基本病机为邪毒壅肺、湿痰瘀阻、肺气郁闭、气阴亏虚。

8. 甲型 H1N1 流感的主要临床表现是什么？

甲型 H1N1 流感的主要临床表现为高热、乏力、全身肌肉酸痛等全身中毒症状和咽痛、咳嗽等轻度呼吸道症状。人群普遍易感，婴幼儿、老年人和伴有心肺基础疾病患者易并发肺炎等疾病，危及生命。甲型 H1N1 流感的并发症包括呼吸系统并发症、循环系统并发症、神经系统并发症及肌肉方面并发症等。

9. 西医西药如何治疗甲型 H1N1 流感？

在现代医学中，抗病毒为其主要治疗方法，由于甲型 H1N1

流感病毒已对金刚烷胺和金刚乙胺全面耐药，可用于抗病毒的只有奥司他韦、扎那米韦以及帕拉米韦等。大量临床研究显示，神经氨酸酶抑制剂治疗能有效改善流感患者的临床症状，防止并发症出现，并可降低特殊人群死亡率。基于其特殊的作用机制，具有较强的选择性，故而在流感治疗方面有非常确切的疗效，是临床治疗甲型 H1N1 流感的首选药物。

10. 中医中药如何治疗甲型 H1N1 流感？

中医学中没有流行性感冒病名，根据其主要临床症状普遍认为甲型 H1N1 流感属中医"时行感冒"范畴。中医认为甲型 H1N1 流感的病因病机一方面以风热毒邪侵袭人体为主；另一方面主要因人体"正气虚于一时"，卫外不固，内外合邪而发病。中医对甲型 H1N1 流感的辨证方法主要有辨病位、辨病性、辨兼加证、辨舌象以及辨病期 5 种类别。对于甲型 H1N1 流感证型分类和治疗方法，各个医家均提出了自己的观点，并分别提出了相应的方药。而诸如银翘散、连花清瘟颗粒等方剂在治疗流感过程中显现了更为突出的疗效，因此被越来越多的学者研究与使用。

11. 什么是人感染 H7N9 禽流感？

人感染 H7N9 禽流感是由甲型 H7N9 禽流感病毒感染引起的急性呼吸道传染病，其中重症肺炎病例常并发 ARDS、脓毒症休克、MODS，严重时甚至导致死亡。

根据禽流感病毒感染禽类致病性的不同，可分为低致病性禽流感（LPAI）、高致病性禽流感（HPAI）和非致病性禽流感病毒。H7N9 禽流感病毒感染人后可引起人的急性呼吸道传染病，人感染后潜伏期为 3~4 天，约 80% 感染者症状较重，需住院治疗，部分病例进展迅速，甚至死亡。

12. 中医中药如何治疗人感染 H7N9 禽流感？

本病属于中医"温病"范畴，基本符合温病学"卫气营血"及"三焦"传变规律。发病急，初期邪毒犯肺，多见卫气或营卫同病，表现为高热、咳嗽；传变快，疫毒壅肺，耗伤元气，湿浊痰瘀损及脏腑，表现为喘憋、气促，或伴痰中带血；继而热毒内陷、内闭外脱、化源竭绝，表现为四肢厥冷、喘脱；本病恢复期多表现为余热未尽，气虚阴伤；重症病死率较高。

中医药的救治实践证明，中医药早期、全程参与本病治疗，可显著改善症状，对阻断病程发展、减少重症病例发生率和降低患者病死率具有积极作用。

13. 什么是手足口病？

手足口病（HFMD）是以发热和手、足、口腔等部位的皮疹或疱疹为主要特征，由多种肠道病毒引起的常见传染病。

手足口病主要发生于夏秋季节，多见于学龄前儿童，常在幼儿园及托儿所传播流行，个别成年人亦有发病。多数患者病情经过良好，但对于重症患儿，则可发生无菌性脑膜炎、脑干脑炎、神经源性肺水肿及急性弛缓性瘫痪等并发症，造成较高的病死率和致残率，严重危害儿童身体健康和生命安全，被喻为21世纪的"脊髓灰质炎"。

14. 手足口病在我国的发病率是怎样的?

自2010年起，手足口病（HFMD）发病人数一直居于我国法定报告传染病的首位，是我国发病率最高、死亡人数最多的丙类传染病，且重症患者病情进展快，易发生死亡，给患儿家属造成家庭恐慌，其大面积的流行和伤亡是社会的不稳定因素，严重影响儿童的健康和安全。

15. 中医中药如何治疗手足口病?

古代医籍无此病名，参见于中医"疮疹""疱疹""温疫"。本病治疗，以清热祛湿解毒为基本原则。轻证治以宣肺解表，清热化湿；重证宜分清热重、湿重，分别以清热解毒、利湿化湿为主治疗。若出现邪毒内陷，犯及心、肝、肺诸脏以及经络者，更当及时加强清热解毒，并配伍息风镇惊、泻肺逐水、宽胸宁心、活血通络等法。不建议患者自行处方用药。

16. 如何做好手足口病的预防和调护?

（1）预防：①每年的高发期做好宣传教育，提高防范意识。饭前便后、外出返回后要洗手，预防病从口入；②流行期间勿带孩子到人群聚集的公共场所。隔离疑似患者，密切接触者检疫 21 日，衣物置于阳光下暴晒；③ 要及时对患儿的日常用品、食具、粪便及其他排泄物进行消毒。

（2）调护：① 注意休息，保持室内空气流通，食用清淡而富含维生素的流质或软食；② 注意临床观察，及早发现变证，并及时处理；③ 保持皮肤清洁，不能搔抓疱疹，以防继发感染。④ 患儿隔离至症状和体征消失后 2 周。

17. 什么是埃博拉病毒病？

埃博拉病毒病（EVD）也称为埃博拉出血热，是由埃博拉病毒（ebola virus）引起、导致人类和非人类灵长类动物发生急性感染的烈性传染病。该病具有致死率高（50%~90%）、治愈率低的特点，目前尚无美国食品药品监督管理局（FDA）认可的特效治疗药物和预防的疫苗。

EVD 临床表现主要为突然发热、出血和多脏器损害，严重者可能出现意识障碍、休克。

18. 如何阻止埃博拉病毒传播？

对埃博拉病毒进行消毒是从根源上阻止病毒传播的方法之一。埃博拉病毒在常温下比较稳定，56℃不能完全灭活，需60℃以上加热处理方可灭活病毒。埃博拉病毒对化学药品较为敏感，乙醚、去氧胆酸钠、β - 丙内酯、福尔马林、次氯酸钠等消毒剂可完全灭活病毒。埃博拉病毒可在血液样本或病尸中存活数周时间。因此，应及时处理被感染人及动物的分泌物和尸体，以防止病毒继续传播。

　　我国目前尚未发现埃博拉病毒病例，但是我们仍然要做好相关卫生知识的宣传工作；同时要做好入境人员的检查工作，防止入境人员将埃博拉病毒带入我国。另外，我国应加大相关治疗药物和疫苗的研制工作力度，防患于未然。

08
捌

附　录

附录一

《新型冠状病毒感染的肺炎诊疗方案(试行第五版)》(节选)

一、病原学特点

新型冠状病毒属于 β 属的冠状病毒，有包膜，颗粒呈圆形或椭圆形，常为多形性，直径 60~140 nm。其基因特征与 SARSr-CoV 和 MERSr-CoV 有明显区别。目前研究显示与蝙蝠 SARS 样冠状病毒（bat-SL-CoVZC45）同源性达 85% 以上。体外分离培养时，2019-nCoV 96 个小时左右即可在人呼吸道上皮细胞内发现，而在 Vero E6 和 Huh-7 细胞系中分离培养需约 6 天。

对冠状病毒理化特性的认识多来自对 SARS-CoV 和 MERS-CoV 的研究。病毒对紫外线和热敏感，56℃ 30 分钟、乙醚、75% 乙醇、含氯消毒剂、过氧乙酸和氯仿等脂溶剂均可有效灭活病毒，氯己定不能有效灭活病毒。

二、流行病学特点

（一）传染源

目前所见传染源主要是新型冠状病毒感染的患者。无症状感染者也可能成为传染源。

（二）传播途径

经呼吸道飞沫和接触传播是主要的传播途径。气溶胶和消化道等传播途径尚待明确。

（三）易感人群

人群普遍易感。

三、临床特点

（一）临床表现

基于目前的流行病学调查，潜伏期 1~14 天，多为 3~7 天。以发热、乏力、干咳为主要表现。少数患者伴有鼻塞、流涕、咽痛和腹泻等症状。重症患者多在发病一周后出现呼吸困难和 / 或低氧血症，严重者快速进展为急性呼吸窘迫综合征、脓毒症休克、难以纠正的代谢性酸中毒和出凝血功能障碍。值得注意的是，重型、危重型患者病程中可为中低热，甚至无明显发热。

轻型患者仅表现为低热、轻微乏力等，无肺炎表现。

从目前收治的病例情况看，多数患者预后良好，少数患者病情危重。老年人和有慢性基础疾病者预后较差。儿童病例症状相对较轻。

（二）实验室检查

发病早期外周血白细胞总数正常或减少，淋巴细胞计数减少，部分患者可出现肝酶、乳酸脱氢酶（LDH）、肌酶和肌红蛋白增高；部分危重者可见肌钙蛋白增高。多数患者 C 反应蛋白（CRP）和血沉升高，降钙素原正常。严重者 D- 二聚体升高、外周血淋巴细胞进行性减少。

在鼻咽拭子、痰、下呼吸道分泌物、血液、粪便等标本中可检测出新型冠状病毒核酸。

（三）胸部影像学

早期呈现多发小斑片影及间质改变，以肺外带明显。进而发展为双肺多发磨玻璃影、浸润影，严重者可出现肺实变，胸腔积液少见。

四、诊断标准

湖北以外省份：

（一）疑似病例

结合下述流行病学史和临床表现综合分析：

1.流行病学史

（1）发病前14天内有武汉市及周边地区，或其他有病例报告社区的旅行史或居住史；

（2）发病前14天内与新型冠状病毒感染者（核酸检测阳性者）有接触史；

（3）发病前14天内曾接触过来自武汉市及周边地区，或来自有病例报告社区的发热或有呼吸道症状的患者；

（4）聚集性发病。

2.临床表现

（1）发热和/或呼吸道症状；

（2）具有上述肺炎影像学特征；

（3）发病早期白细胞总数正常或降低，或淋巴细胞计数减少。

有流行病学史中的任何一条，且符合临床表现中任意2条。无明确流行病学史的，符合临床表现中的3条。

（二）确诊病例

疑似病例，具备以下病原学证据之一者：

1. 呼吸道标本或血液标本实时荧光 RT–PCR 检测新型冠状病毒核酸阳性；

2. 呼吸道标本或血液标本病毒基因测序，与已知的新型冠状病毒高度同源。

湖北省：

（一）疑似病例

结合下述流行病学史和临床表现综合分析：

1. 流行病学史

（1）发病前 14 天内有武汉市及周边地区，或其他有病例报告社区的旅行史或居住史；

（2）发病前 14 天内与新型冠状病毒感染者（核酸检测阳性者）有接触史；

（3）发病前 14 天内曾接触过来自武汉市及周边地区，或来自有病例报告社区的发热或有呼吸道症状的患者；

（4）聚集性发病。

2. 临床表现

（1）发热和 / 或呼吸道症状；

（2）发病早期白细胞总数正常或减少，或淋巴细胞计数减少。

有流行病学史中的任何一条或无流行病学史，且同时符合临床表现中 2 条。

（二）临床诊断病例

疑似病例具有肺炎影像学特征者。

（三）确诊病例

临床诊断病例或疑似病例，具备以下病原学证据之一者：

1. 呼吸道标本或血液标本实时荧光 RT–PCR 检测新型冠状病毒核酸阳性；

2. 呼吸道标本或血液标本病毒基因测序，与已知的新型冠状病毒高度同源。

五、临床分型

（一）轻型

临床症状轻微，影像学未见肺炎表现。

（二）普通型

具有发热、呼吸道等症状，影像学可见肺炎表现。

（三）重型

符合下列任何一条：

1. 呼吸窘迫，RR ≥ 30 次 / 分；

2. 静息状态下，指氧饱和度 ≤ 93%；

3. 动脉血氧分压（PaO2）/吸氧浓度（FiO2）≤300 mmHg（1 mmHg= 0.133 kPa）。

（四）危重型

符合以下情况之一者：

1. 出现呼吸衰竭，且需要机械通气；

2. 出现休克；

3. 合并其他器官功能衰竭需 ICU 监护治疗。

六、鉴别诊断

主要与流感病毒、副流感病毒、腺病毒、呼吸道合胞病毒、鼻病毒、人偏肺病毒、SARS 冠状病毒等其他已知病毒性肺炎鉴别，与肺炎支原体、衣原体肺炎及细菌性肺炎等鉴别。此外，还要与非感染性疾病，如血管炎、皮肌炎和机化性肺炎等鉴别。

七、病例的发现与报告

湖北以外省份：

各级各类医疗机构的医务人员发现符合病例定义的疑似病例后，应当立即进行隔离治疗，院内专家会诊或主诊医师会诊，仍考虑疑似病例，在 2 小时内进行网络直报，并采集标本进行新型冠状病毒核酸检测，同时在确保转运安全前提下尽快将疑似患者转运至定点医院。与新型冠状病毒感染者有密切接触的患者，即便常见呼吸道病原检测阳性，也建议及时进行新型冠状病毒病原学检测。

疑似病例连续两次呼吸道病原核酸检测阴性（采样时间至少间隔 1 天），方可排除。

湖北省：

各级各类医疗机构的医务人员发现符合病例定义的疑似病例和临床诊断病例后，应当立即进行隔离治疗，疑似病例和临床诊断病例要单间隔离，对疑似病例和临床诊断病例要尽快采集标本进行病原学检测。

八、治疗

（一）根据病情确定治疗场所

1. 疑似及确诊病例应当在具备有效隔离条件和防护条件的定点医院隔离治疗，疑似病例应当单人单间隔离治疗，确诊病例可多人收治在同一病室。

2. 危重型病例应当尽早收入 ICU 治疗。

（二）一般治疗

1. 卧床休息，加强支持治疗，保证充分热量；注意水、电解质平衡，维持内环境稳定；密切监测生命体征、指氧饱和度等。

2. 根据病情监测血常规、尿常规、CRP、生化指标（肝酶、心肌酶、肾功能等）、凝血功能、动脉血气分析、胸部影像学等。有条件者可行细胞因子检测。

3. 及时给予有效氧疗措施，包括鼻导管、面罩给氧和经鼻高流量氧疗。

4. 抗病毒治疗：目前没有确认有效的抗病毒治疗方法。可试用 α−干扰素雾化吸入（成人每次 500 万 U 或相当剂量，加入灭菌注射用水 2 mL，每日 2 次）、洛匹那韦/利托那韦（200 mg/50 mg，每粒）每次 2 粒，每日 2 次，或可加用利巴韦林（成人首剂 4 g，次日每 8 小时一次，每次 1.2 g，或 8 mg/kg iv，每 8 小时一次）。要注意洛匹那韦/利托那韦相关腹泻、恶心、呕吐、肝功能损害等不良反应，同时要注意和其他药物的相互作用。

5. 抗菌药物治疗：避免盲目或不恰当使用抗菌药物，尤其是联合使用广谱抗菌药物。

（三）重型、危重型病例的治疗

1. 治疗原则

在对症治疗的基础上，积极防治并发症，治疗基础疾病，预防继发感染，及时进行器官功能支持。

2. 呼吸支持

（1）氧疗：重型患者应当接受鼻导管或面罩吸氧，并及时评估呼吸窘迫和（或）低氧血症是否缓解。

（2）高流量鼻导管氧疗或无创机械通气：当患者接受标准氧疗后呼吸窘迫和（或）低氧血症无法缓解时，可考虑使用高流量鼻导管氧疗或无创通气。若短时间（1~2小时）内病情无改善甚至恶化，应当及时进行气管插管和有创机械通气。

（3）有创机械通气：采用肺保护性通气策略，即小潮气量（4~8 mL/kg 理想体重）和低吸气压力（平台压 <30 cmH$_2$O）进行机械通气，以减少呼吸机相关肺损伤。较多患者存在人机不同步，应当及时使用镇静以及肌松剂。

（4）挽救治疗：对于严重 ARDS 患者，建议进行肺复张。在人力资源充足的情况下，每天应当进行 12 小时以上的俯卧位通气。俯卧位通气效果不佳者，如条件允许，应当尽快考虑体外膜肺氧合（ECMO）。

3. 循环支持

充分液体复苏的基础上，改善微循环，使用血管活性药物，必要时进行血流动力学监测。

4. 其他治疗措施

可根据患者呼吸困难程度、胸部影像学进展情况，酌情短期内（3~5日）使用糖皮质激素，建议剂量不超过相当于甲泼尼龙1~2 mg（kg·d），应当注意较大剂量糖皮质激素由于免疫抑制作用，会延缓对冠状病毒的清除；可静脉给予血必净100 mL/次，每日2次治疗；可使用肠道微生态调节剂，维持肠道微生态平衡，预防继发细菌感染；可采用恢复期血浆治疗；对有高炎症反应的危重患者，有条件可以考虑使用体外血液净化技术。

患者常存在焦虑、恐惧情绪，应当加强心理疏导。

（四）中医治疗

本病属于中医疫病范畴，病因为感受疫疠之气，各地可根据病情、当地气候特点以及不同体质等情况，参照下列方案进行辨证论治。

1. 医学观察期

临床表现1：乏力伴胃肠不适。

推荐中成药：藿香正气胶囊（丸、水、口服液）。

临床表现2：乏力伴发热。

推荐中成药：金花清感颗粒、连花清瘟胶囊（颗粒）、疏风解毒胶囊（颗粒）、防风通圣丸（颗粒）。

2. 临床治疗期

（1）初期：寒湿郁肺。

临床表现：恶寒发热或无热，干咳，咽干，倦怠乏力，胸闷，脘痞，或呕恶，便溏。舌质淡或淡红，苔白腻，脉濡。

推荐处方：苍术15 g、陈皮10 g、厚朴10 g、藿香10 g、草果6 g、生麻黄6 g、羌活10 g、生姜10 g、槟榔10 g。

（2）中期：疫毒闭肺。

临床表现：身热不退或往来寒热，咳嗽痰少，或有黄痰，腹胀便秘。胸闷气促，咳嗽喘憋，动则气喘。舌质红，苔黄腻或黄燥，脉滑数。

推荐处方：杏仁10 g、生石膏30 g、瓜蒌30 g、生大黄6 g（后下）、生炙麻黄各6 g、葶苈子10 g、桃仁10 g、草果6 g、槟榔10 g、苍术10 g。

推荐中成药：喜炎平注射液、血必净注射液。

（3）重症期：内闭外脱。

临床表现：呼吸困难、动辄气喘或需要辅助通气，伴神昏，烦躁，汗出肢冷，舌质紫暗，苔厚腻或燥，脉浮大无根。

推荐处方：人参15 g、黑顺片10 g（先煎）、山茱萸15 g，送服苏合香丸或安宫牛黄丸。

推荐中成药：血必净注射液、参附注射液、生脉注射液。

（4）恢复期：肺脾气虚。

临床表现：气短，倦怠乏力，纳差呕恶，痞满，大便无力，便溏不爽，舌淡胖，苔白腻。

推荐处方：法半夏 9 g、陈皮 10 g、党参 15 g、炙黄芪 30 g、茯苓 15 g、藿香 10 g、砂仁 6 g（后下）。

九、解除隔离和出院标准

体温恢复正常 3 天以上、呼吸道症状明显好转，肺部影像学显示炎症明显吸收，连续两次呼吸道病原核酸检测阴性（采样时间间隔至少 1 天），可解除隔离出院或根据病情转至相应科室治疗其他疾病。

附录二

山东省 2020 年冬春流感、新型冠状
病毒感染的肺炎中医药预防方案

为进一步做好近期我省流感、新型冠状病毒感染的肺炎预防工作，发挥中医药特色优势，防止疫情扩散流行，保障人民群众健康，针对不同人群人体生理病理特点，按照中医理论，制定本方案。本方案针对易感人群，扶正固表，祛邪。

一、中医药预防方案

（一）普通人群预防方

药物组成：黄芪 10 g、炒白术 10 g、防风 6 g、太子参 12 g、麦冬 10 g、连翘 10 g、金银花 15 g、薏苡仁 12 g、茯苓 9 g、紫苏叶 6 g、炙甘草 3 g。

功效：益气养阴，扶正固表。

适用人群：普通人群。

（二）特殊人群预防方

1. 孕妇预防方

药物组成：白术 9 g、黄芩 6 g、紫苏叶 3 g、金银花 6 g、山药 18 g、陈皮 6 g。

功效：养阴清热，理气安胎，扶正固表。

适用人群：怀孕的妇女。

2. 儿童预防方

药物组成：金银花 6 g、蒲公英 3 g、生黄芪 6 g、陈皮 3 g、麦冬 6 g、炒牛蒡子 3 g、生甘草 1.5 g。

功效：清热解毒，益气固表。

适用人群：少年儿童。

3. 老年人预防方

药物组成：党参 10 g、茯苓 15 g、陈皮 9 g、炒白术 9 g、黄芪 12 g、防风 6 g、百合 6 g。

功效：益气健脾，养阴润肺。

适用人群：无基础疾病的老年人。

（三）基础疾病者预防方

1. 糖尿病者预防方

药物组成：金银花 12 g、沙参 10 g、麦冬 15 g、黄连 3 g、芦根 15 g、生薏苡仁 15 g。

功效：清热生津，滋阴固表。

适用人群：患有糖尿病或血糖偏高者。

2. 高血压者预防方

药物组成：菊花 15 g、桑叶 9 g、钩藤 12 g、白芍 9 g、枸杞 10 g、茯苓 9 g。

功效：清热养阴，平肝固表。

适用人群：患有原发性高血压病或血压偏高者。

3. 冠心病者预防方

药物组成：党参 12 g、麦冬 9 g、五味子 3 g、丹参 9 g、金银花 12 g。

功效：益气养阴，清热固表。

适用人群：患有冠心病等心脑血管慢性疾病者。

4. 慢性呼吸疾病者预防方

药物组成：金银花 9 g、生黄芪 12 g、炒白术 12 g、陈皮 12 g、防风 9 g、生甘草 6 g。

功效：益气健脾，清热固表。

适用人群：患有慢性支气管炎、肺气肿、支气管哮喘等慢性呼吸系统疾病处于缓解期的患者。

（四）密切接触者及医务人员预防方

药物组成：黄芪 10 g、党参 12 g、炒白术 10 g、防风 6 g、太子参 12 g、麦冬 10 g、连翘 10 g、金银花 15 g、紫苏叶 6 g、藿香 6 g、炙甘草 3 g。

功效：益气养阴，扶正固表。

适用人群：密切接触者及医务人员。

中成药：玉屏风散（丸）、贞芪扶正丸（胶囊）。

备注：参与医疗救治的医务人员，医院免费提供预防性中药。

二、煎煮及服用方法

（一）煎煮方法

取中药处方一剂入砂锅，清水浸泡 30 分钟，武火（大火）

烧开改文火（小火）煎煮 10 分钟，同法再煎一遍，两次共煎出药汁兑一起，共约 300 毫升（儿童处方 50~100 毫升）。

（二）服用方法

中药一剂分 2~3 次于三餐后 1 小时温服。每日一剂，连服 5 剂为宜。

三、服药注意事项

（一）应在医师的指导下服用。

（二）服用期间忌生冷、辛辣、牛羊肉及海鲜发物等；有不适感觉者，应立即停止服药并及时咨询医师。

（三）对上述药物有过敏史者禁用，过敏体质慎用。

（四）上述儿童药物剂量以 3~5 岁儿童为宜。其他年龄儿童酌情增减。

（五）服药困难者，可以酌情加用糖或蜂蜜调味。

四、预防调护

（一）"虚邪贼风，避之有时。"应注意适时增减衣物。尽量减少到人员密集场所逗留时间；注意个人卫生，勤洗手，勤更衣，戴口罩。

（二）"食饮有节。"饮食清淡、规律，多喝水、多食用水果、蔬菜及牛奶、鸡蛋等，提高机体免疫力。

（三）"起居有常。"人应顺应自然界的变化，作息要规律，适当锻炼身体，可用导引、太极拳等。

（四）"精神内守，病安从来？"要做到心神安宁，情志舒畅。

（五）在上述指导意见下可采用艾灸等中医疗法。

山东省卫生健康委员会

2020 年 1 月 27 日

附录三

山东省新型冠状病毒感染的肺炎中医药诊疗方案

一、病因病机

本病属于中医疫病范畴，病因为感受疫戾之气，由时疫湿邪所致。此次疫病，无论老少强弱，普遍易感。寒湿疫邪多从口鼻而入，郁闭肺气；继则郁而化热，湿热交结，疫毒闭肺；甚则热入营血，乃致内闭外脱；病久耗气伤阴，出现肺脾气虚之证。

二、临床表现

基于目前的流行病学调查，潜伏期一般为3~7天，最长不超过14天。以发热、乏力、干咳为主要表现。少数患者伴有鼻塞、流涕、腹泻等症状。重型病例多在1周后出现呼吸困难，严重者快速进展为急性呼吸窘迫综合征、脓毒症休克、难以纠正的代谢性酸中毒和出凝血功能障碍。值得注意的是，重型、危重型患者病程中可为中低热，甚至无明显发热。

部分患者仅表现为低热、轻微乏力等，无肺炎表现，多在1周后恢复。

从目前收治的病例情况看，多数患者预后良好，儿童病例症状相对较轻，少数患者病情危重。死亡病例多见于老年人和有慢性基础疾病者。

（一）实验室检查

发病早期外周血白细胞总数正常或减少，淋巴细胞计数减少，部分患者出现肝酶、肌酶和肌红蛋白增高。多数患者 C 反应蛋白（CRP）和血沉升高，降钙素原正常。严重者 D-二聚体升高、外周血淋巴细胞进行性减少。

在鼻咽拭子、痰、下呼吸道分泌物、血液等标本中可检测出新型冠状病毒核酸。

（二）胸部影像学

早期呈现多发小斑片影及间质改变，以肺外带明显。进而发展为双肺多发磨玻璃影、浸润影，严重者可出现肺实变，胸腔积液少见。

三、诊断标准

（一）疑似病例

结合下述流行病学史和临床表现综合分析：

1. 流行病学史

（1）发病前 14 天内有武汉地区或其他有本地病例持续传播地区的旅行史或居住史；

（2）发病前 14 天内曾接触过来自武汉市或其他有本地病例持续传播地区的发热或有呼吸道症状的患者；

（3）有聚集性发病或与新型冠状病毒感染者有流行病学关联。

2. 临床表现

（1）发热；

（2）具有上述肺炎影像学特征；

（3）发病早期外周血白细胞总数正常或减少，淋巴细胞计数减少。

有流行病学史中的任何一条，符合临床表现中任意2条。

（二）确诊病例

疑似病例，具备以下病原学证据之一者：

1. 呼吸道标本或血液标本实时荧光 RT-PCR 检测新型冠状病毒核酸阳性；

2. 呼吸道标本或血液标本病毒基因测序，与已知的新型冠状病毒高度同源。

四、中医治疗

（一）医学观察期

临床表现1：乏力伴胃肠不适。

推荐中成药：藿香正气胶囊（丸、水、口服液）。

临床表现2：乏力伴发热。

推荐中成药：连花清瘟胶囊（颗粒）、疏风解毒胶囊（颗粒）、复方西羚解毒胶囊（片）、苦甘颗粒等。

（二）临床治疗期

1. 初期：寒湿郁肺。

临床表现：恶寒发热或无热，干咳，咽干，倦怠乏力，胸闷，脘痞，或有纳呆，呕恶，便溏。舌体胖大边有齿痕，舌质淡或淡红，苔白腻，脉濡。

推荐方药：达原饮加减。

苍术 15 g、陈皮 10 g、厚朴 10 g、藿香 10 g、草果 6 g、生

麻黄 6 g、羌活 10 g、生姜 10 g、槟榔 10 g。

口咽干燥重者加知母 10 g、白芍 10 g。

2. 中期：疫毒闭肺。

临床表现：身热不退或往来寒热，咳嗽痰少，或有黄痰，腹胀便秘。胸闷气促，咳嗽喘憋，动则气喘。舌质红，苔黄腻或黄燥，脉滑数。

推荐方药：麻杏石甘汤加减。

生炙麻黄各 6 g、杏仁 10 g、生石膏 30 g、瓜蒌 30 g、生大黄 6 g（后下）、葶苈子 10 g、桃仁 10 g、草果 6 g、槟榔 10 g、苍术 10 g。

肌肉酸痛者加羌活 10 g；大便溏者去大黄、槟榔，瓜蒌减为 15 g，加厚朴 10 g；热毒重者加金银花 15 g、连翘 15 g、贯众 10 g、桔梗 10 g；乏力明显者加西洋参 6 g 或太子参 10 g。

推荐中成药：清瘟解毒丸、喜炎平注射液、热毒宁注射液、血必净注射液。

3. 重症期：内闭外脱。

临床表现：呼吸困难、动辄气喘或需要辅助通气，伴神昏，烦躁，汗出肢冷，舌质紫暗，苔厚腻或燥，脉浮大无根。

推荐方药：参附汤加减。

人参 15 g、黑顺片 10 g（先煎）、山茱萸 15 g。

气阴两脱者：人参 15 g、麦冬 15 g、生地黄 15 g、水牛角 30 g、山萸肉 10 g、制附片 3 g、玄参 10 g、红景天 15 g、石菖蒲 10 g。

以上两方属阳闭者送服安宫牛黄丸，属阴闭者送服苏合香丸。

推荐中成药：醒脑静注射液、血必净注射液、参附注射液、生脉注射液。

4.恢复期：肺脾气虚。

临床表现：气短，倦怠乏力，纳差呕恶，痞满，大便无力，便溏不爽，舌淡胖，苔白腻。

推荐方药：六君子汤加减。

法半夏9g、陈皮10g、党参15g、炙黄芪30g、茯苓15g、藿香10g、砂仁6g（后下）。

口干舌燥者加：玉竹15g、石斛15g、山药15g。

5.疑似患者　治疗参见临床治疗期的初期、中期治疗方案辨证用药。

以上为中药内服治疗方案，各地市应根据情况积极应用各种中医药技术和方法。

五、儿童中医治疗

由于儿童生理病理及患病特点的特殊性，本病分为五期七型。

（一）医学观察期

中成药：

藿香正气口服液（无醇型）、抗病毒口服液，适用于乏力伴胃肠不适者。

连花清瘟颗粒、小儿青翘颗粒、小儿解感颗粒、好医生抗感颗粒，适用于乏力伴发热者；若伴便秘，可选择金莲清热泡腾片、小儿豉翘清热颗粒等。

（二）初期：寒湿郁肺碍脾

症状：恶寒发热或无热，干咳，倦怠乏力，纳差，呕恶，舌质淡红或淡，苔白腻，脉濡。

推荐方药：不换金正气散（《和剂局方》）。

苍术6~9 g、厚朴3~9 g、陈皮6~9 g、藿香6~12 g、姜半夏3~9 g、炒杏仁3~9 g、紫苏叶9~15 g、桔梗6~9 g、贯众6~9 g、生姜3~6 g、甘草3~6 g。

湿盛寒微可选藿香正气散（《和剂局方》）；湿盛热微偏于上焦可选藿朴夏苓汤（《医原》），偏于中焦可选雷氏芳香化浊法（《时病论》）。

中成药：

藿香正气口服液、保济口服液等，适用于湿盛寒微者。

小儿解感颗粒、好医生抗感颗粒、小儿青翘颗粒等，适用于咽痛偏于风热者。

抗病毒口服液、芩香清解口服液等，适用于湿盛热微者。

（三）中期：湿热闭肺

症状：身热不扬或往来寒热，咳嗽有痰，胸闷气促，喘憋，腹胀便秘，舌质红，苔黄腻或黄燥，脉滑数。

推荐方药：麻杏石甘汤（《伤寒论》）合达原饮（《温

疫论》）。

生麻黄 3~6 g、炒杏仁 3~9 g、生石膏 15~30 g、知母 6~12 g、柴胡 15~18 g、黄芩 6~12 g、厚朴 3~9 g、槟榔 9~15 g、草果 6~9 g、虎杖 6~9 g、羌活 6~9 g、甘草 3~6 g。

大便正常或偏溏，可选麻杏苡甘汤（《金匮要略》）、上焦宣痹汤（《温病条辨》）、苇茎加滑石杏仁汤（《温病条辨》）；大便干，可合升降散（《伤暑全书》）、宣白承气汤（《温病条辨》）。

中成药：

连花清瘟颗粒，适用于热毒炽盛者。

金莲清热泡腾片、小儿肺热咳喘口服液，适用于肺胃热盛者。

（四）重症期

1. 毒热闭肺。

症状：壮热稽留，咳声重浊，痰稠难咳，胸闷气促，喘憋鼻煽，腹胀便秘，舌质绛红，苔黄厚燥，脉沉细。

推荐方药：清瘟败毒饮（《疫诊一得》）。

生地黄 9~12 g、牡丹皮 9~15 g、黄连 3~9 g、黄芩 6~12 g、生石膏 15~45 g、知母 6~15 g、炒栀子 6~12 g、玄参 6~15 g、连翘 6~12 g、重楼 6~9 g、桔梗 6~9 g、竹叶 3~9 g、甘草 3~6 g。

2. 内闭外脱。

症状：胸闷气促，喘憋鼻煽，呼吸困难，神昏、烦躁，汗出肢冷，舌质紫暗或有瘀点，苔厚腻或燥，脉浮大无根。

推荐方药：参附汤（《正体类要》）送服安宫牛黄丸、苏合香丸。

人参 3~6 g、制附片 3 g（先煎 1 小时）、山茱萸 6~12 g。

上述二型中成药：

安宫牛黄丸：每次 ≤ 3 岁 1/4 丸，4~6 岁 1/2 丸，>6 岁 1 丸，每日 1 次，必要时每 6~8 小时 1 次，口服或鼻饲，用于高热不退者。

安脑丸：小于 11 岁者，1 岁 1 粒，年龄每增加 1 岁加服 1 粒，11 岁以上每次 1 丸，每日 2 次，口服或鼻饲，用于高热不退者。

紫雪丹：每次周岁小儿 0.3 g，每增 1 岁，递增 0.3 g，每日 1 次；5 岁以上小儿每次 1.5~3 g，每日 2 次，口服，冷开水调下。用于神昏肢体抽搐者。

（五）恢复期

1. 肺脾气虚。

症状：面白少华，咳嗽无力，痰白质稀，动则汗出，舌质淡胖苔白。

推荐方药：六君子汤加减。

党参 6~12 g、茯苓 9~15 g、炒白术 9~15 g、陈皮 6~9 g、姜半夏 3~9 g、炒甘草 3~6 g。

中成药：

玉屏风颗粒，适用于偏肺气虚者。

小儿肺咳颗粒，适用于肺脾两虚兼痰者。

2. 肺热阴虚。

症状：干咳少痰，舌红苔少。偏于肺热者，伴低热，便干；

偏于阴伤者，伴盗汗，手足心热。

推荐方药：竹叶石膏汤（《伤寒论》）。

竹叶 3~6 g、太子参 9~15 g、生石膏 9~15 g、姜半夏 3~6 g、麦冬 9~15 g、炒甘草 3~6 g。

中成药：

养阴清肺颗粒，适用于阴虚肺热者。

蜜炼川贝枇杷膏，适用于阴虚燥咳者。

外治：可配合针灸、推拿，以及中药熏洗、贴敷等。

熏洗足浴方：金银花 15 g、桑叶 30 g、菊花 30 g、板蓝根 30 g、柴胡 15 g、薄荷 10 g、荆芥 10 g、防风 10 g、紫苏叶 10 g。适用于发热患儿。

六、中药煎服方法

1. 煎药用具尽量使用砂锅、搪瓷、玻璃、不锈钢具，忌用铁、铝、铜器。

2. 先将中药用冷水浸泡 30 分钟，加水量一般超过药面 2~3 厘米。

3.（头煎）先用大火（武火）煮沸，再用小火（文火）保持沸腾 15~20 分钟左右，倒出。（二煎）再次加水，刚浸过药面即可。大火煮沸，再用小火（文火）保持沸腾 15~20 分钟左右，倒出。

4. 若有特殊用法的药物，注意药物的特殊用法，如先煎、后下、包煎、冲服等。

5. 每日一剂，煎二次（头煎、二煎），两次煎出液混合后分成四份，昼三夜一，分服。重症者根据病情，不必拘泥，顿服或时时服之。

山东省卫生健康委员会

2020 年 1 月 31 日